Jamaikanische Küche

Neue und traditionelle jamaikanische und karibische Kochrezepte

Nariman Zeitun

Die Autorin und der Verlag bedanken sich bei allen, die sie mit Rezepten versorgt haben, damit dieses Buch auf dem deutschsprachigen Markt erscheinen konnte.

1. Auflage 2019

Titelbild: Nicole Iwanov
Bearbeitung: Mohamad Nader Asfahani
Gestaltung, Herstellung und Satz:

Asfahani Verlag
Hausbrucher Straße 54 / D-21147 Hamburg
Federal Republic of Germany
Telefon (AB) 040-7967951 Fax 040-7967955
Email: info@asfahani.de
Internet: www.asfahani.de

978-3-927459-68-7

Sachregister

Kurze Informationen

Vorspeisen und Beilagen

Suppen

Gemüse-, Hülsenfrüchte- und Fleischgerichte

Geflügelgerichte

Fischgerichte

Brot, Teigspeisen und Getränke

Kurze Informationen

Achiote oder Achuete (wird auch Annatto genannt):
Samen des Annattobaumes. In Pulverform färbt es die Gerichte rötlich und gibt ihnen einen milden Peperonigeschmack. Die Samen müssen, bevor man sie verwendet, in heißem Öl gebraten werden. Zerdrückt kann man sie dann in Gerichten verwenden.

Acerola: Süßsaure bis sehr saure 1 bis 3 cm große Kirschen, die nicht mit den üblichen Kirscharten verwandt sind. Diese Sorte wird nicht importiert. Der Import beschränkt sich als Saft zur Herstellung von Speiseeis und Marmelade.

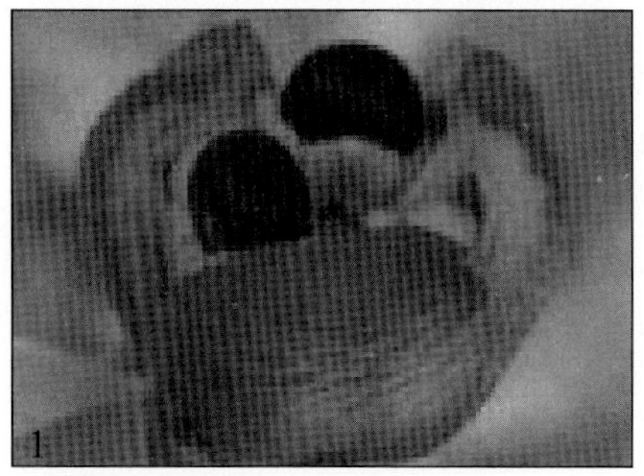
1

2

Acke oder Akee (Aki):
Frucht eines immergrünen Baumes, der in den Tropen und Subtropen gedeiht. Die Früchte haben eine gelbrötliche Farbe und schmecken säuerlich (nussartig).
In Deutschland kann der Akee in Dosen gekauft werden. (Dosenpreis ab 6,00€).

Vorsicht! Unreife und überreife Früchte sind GIFTIG.

Achtung!! Bevor man die Akees kocht, sollten die roten Stellen (liegen unter den Samen) und die schwarzen Samen vom Fruchtfleisch entfernt werden.

Nur offene Früchte verwenden.

Annonen:

Diese Obstsorte (Zitrusfrucht) sieht aus wie Artischocken oder große Beeren und hat keinen einheitlichen Namen. Weltweit gibt es über 100 Sorten von Annonen. In Deutschland gibt es 3 bzw. 4 Annonensorten: Netzannonen, Cherimoya (meist importierte Sorte) und Stachelannonen.

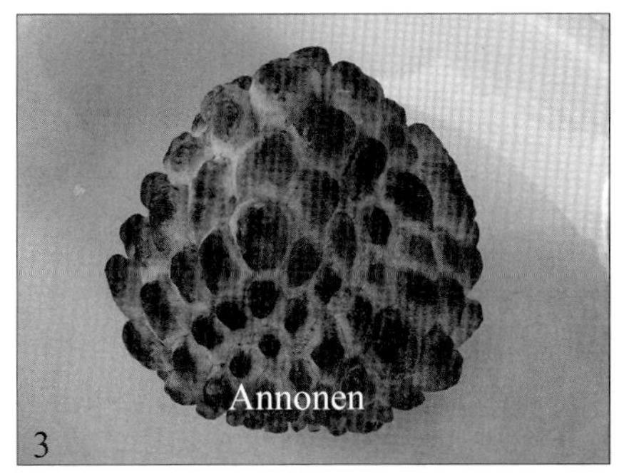
3 Annonen

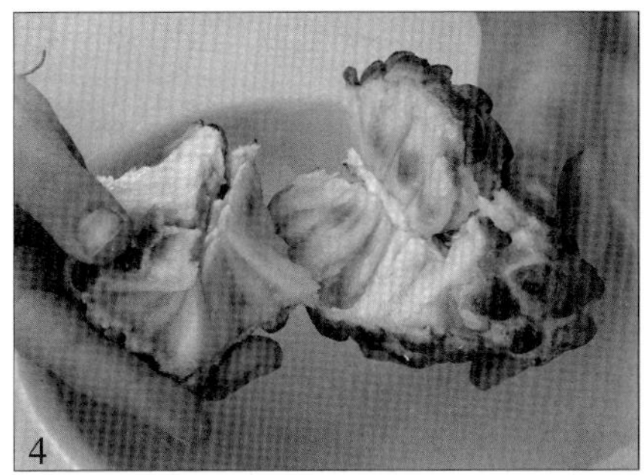
4

Auberginen (Antroewa):

Außer den üblichen Angeboten an dunklen Sorten (ca. 20 Sorten) gibt es weiße, gelbe und grüne runde Auberginen. Diese Sorten werden zu bestimmten Jahreszeiten importiert. Grüne Auberginen werden „afrikanische Auberginen" genannt. In manchen Feinkostgeschäften werden sie auch unter dem Namen „*Antroewa*" angeboten.

5

Batate (Süßkartoffeln oder weiße Kartoffeln):

Batate werden das ganze Jahr über auf dem deutschen Markt angeboten. Trotzdem ist die Süßkartoffel hierzulande wenig bekannt.

6 Süßkartoffel

Baumtomaten: werden das ganzen Jahr in kleinen Mengen importiert. Außerdem werden die Baumtomaten in Dosen angeboten. Die einzelnen Früchte sind ca. 7 bis 8 cm lang und wiegen 50 bis 60 Gramm. Außer den dunkelroten Sorten, gibt es gelbe und gelbrote Sorten.
Man verwendet die Baumtomaten als Salat, zum Kochen, zu Soßen oder sie werden zu Saft oder Marmelade verarbeitet.

Cassava wird auch Yuca, Maniok, Tapioka oder Gari genannt:

Die Knollen des Cassavas werden als Kochgemüse verwendet (wie Kartoffeln).
Cassava ist das ganze Jahr über auf dem Markt erhältlich.

Chayote (Eierkürbis) auch *Chocho* oder *Christofine* genannt**:** Eine Chayotefrucht wiegt ca. 250 bis 300 Gramm. Chayotefleisch wird als Salat oder als Kochgemüse gegessen.

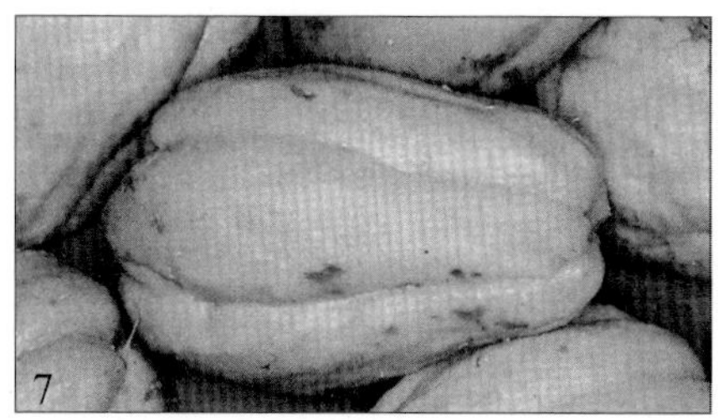
7

Chili:

In Südostasien und Südamerika verwendet man beim Kochen viel scharfen Chili. Die Rezepte in diesem Buch wurden etwas entschärft, ohne den Charakter der vielen Gerichte zu verändern.

Wie man mit scharfen Chilis umgeht:

Bevor Sie die Chilis anfassen, ziehen Sie bitte Gummihandschuhe an, damit wird verhindert, dass ätherische Öle Ihnen Hautjucken verursachen. Außerdem berühren Sie nicht Ihre Augen während des Arbeitens mit Chili.
Chili nur mit kaltem Wasser waschen. Heißes Wasser kann bei getrocknetem Chili zu Dämpfe führen, die die Augen und Schleimhäute reizen.
In Jamaica werden die Sorten Habanero und Scotsh Bonnet Peper, die sehr scharf sind, zum Kochen verwendet.

Coco: sind kleine Knollen mit brauner Schale. Das Fruchtfleisch sieht wie Kartoffelfruchtfleisch aus. Geröstete Coco schmecken sehr gut mit Butter. Außerdem kann man Coco in Scheiben schneiden und in Öl oder Butter braten oder kochen und mit etwas Butter pürieren.

Flaschenkürbis: Das ganze Jahr über auf dem deutschen Markt erhältlich. Flaschenkürbisse sehen aus wie große Zucchini und haben eine hellgrüne Farbe. Sie werden als Kochgemüse verwendet. Kleine Flaschenkürbisse werden auch weiße Zucchini genannt und haben eine hellgrüne Farbe. Sie werden als Kochgemüse verwendet. Kleine Flaschenkürbisse werden auch türkische Zucchini genannt.

Kap-Stachelbeere: Ursprüglich stammen die Kap-Stachelbeeren aus Südamerika. Angebaut werden sie , außer in Südamerika, auch in Afrika und Indien.

Kokosnuss:

Kokosnüsse gibt es überall in Südostasien, sie werden jeden Tag in der Küche benutzt.

Es gibt sie in 3 Reifeprozessen:

Sehr jung,
jung
und ziemlich alt

Die Kokosnüsse, die Europa erreichen sind alle alt.

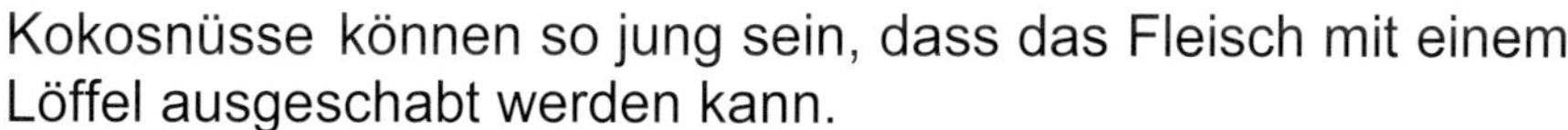

Kokosnüsse können so jung sein, dass das Fleisch mit einem Löffel ausgeschabt werden kann.

Das Kokosnusswasser ist süß, schmeckt köstlich und wird in den Ländern, in denen Kokosnuss wächst mit dem zarten Fruchtfleisch, welches auf dem Kokosnusswasser schwimmt, verkauft.

Bei einer etwas älteren Kokosnuss ist das Fruchtfleisch fest genug, um es zu reiben und daraus Kokosnussmilch (Dom) herzustellen. Das kann man mit einer normalen Käsereibe

oder Küchenmaschine erledigen.
Grob geriebene, junge Kokosnüsse kann man in manchen chinesischen oder asiatischen Lebensmittelläden in tiefgefrorener Form kaufen.
Kokosnussmilch oder Creme gibt es auch in Dosen zu kaufen.

Kokosnussmilch:

Um Kokosnussmilch herstellen zu können, muss man zuerst das weiße Fruchtfleisch raspeln oder reiben.

Kokosnusspaste herstellen:

1. Methode

✍ Fruchtfleisch einer Kokosnuss reiben ➞ in den Mixaufsatz einer Elektroküchenmaschine geben ➞ 1/4 Liter heißes Wasser darüber geben und mit hoher Geschwindigkeit mixen ➞ einen weiteren 1/4 Liter heißes Wasser dazugeben und weitermixen, bis ein glatter Brei entstanden ist.

2. Methode

✍ Kokosnussfruchtfleisch von Hand reiben (evtl. fertig geriebene Kokosnuss verwenden) ➞ 1/2 Liter heißes Wasser darüber geben ➞ mit einem Schneebesen oder Elektromixer kräftig schlagen.

Kokosnussmilch herstellen:

☺ Ein Sieb mit einem Küchentuch auslegen ➞ Kokosnussbrei hineingeben ➞ mit einem Löffel kräftig pressen ➞ die Enden des Tuches zusammenhalten und kräftig wringen, damit die restliche Flüssigkeit aus dem Brei heraustropfen kann.

Aufbewahrung von Kokosnussmilch:

Eine frische Kokosnuss, die man im Supermarkt kauft, ist mindestens einige Wochen alt, aber wenn man sie nicht öffnet, hält sie noch mindestens einen Monat und mehr.
Getrocknete und sahnige Kokosnuss hält sehr lange.
Kokosnussmilch (Dom) hält sich nicht. Kokosnussmilch muss innerhalb von 24 Std. verbraucht werden. Nach der Herstellung kann es über Nacht im Kühlschrank aufbewahrt werden. Es kann wie Sahne verdicken, aber es schmilzt wieder, wenn

es erhitzt wird.
Gerichte, die mit Kokosnussmilch hergestellt werden und die im Kühlschrank oder Gefrierschrank aufbewahrt werden sollen, dürfen nur ohne Kokosnussmilch aufbewahrt werden. Kokosnussmilch darf erst kurz vor dem Erhitzen und Servieren dazugegeben werden.
Wenn Kokosnussmilch kaltgestellt wird, setzt sich die Sahne auf der Oberfläche ab. Das kann der Kokosnussmilch nicht schaden.
Die kalte Kokosnussmilch in einem Gefäß, in ein warmes Wasserbad stellen und gut rühren.

Kokosnussöl:

Da Kokosnussöl schnell ranzig wird und das Gericht ruinieren kann, sollte man beim Kochen Pflanzenöl verwenden.

Matoke oder **Plantain:** Grüne Kochbananen werden als Beilagen zu verschiedenen Hauptgerichten serviert. Man kann die Kochbananen auch in Suppen geben oder rösten.

Okra:

Kochgemüse, das in frischer oder getrockneter Form oder in Dosen angeboten wird.
Die Okra stammt aus Afrika und hat weltweit, als schmeckhaftes Gemüse, die Haushalte erobert.

9 Frische Okra

Petersilienwurzel:

Gekochte Petersilienwurzel isst man zu Salzfischgerichten. Dazu werden die Wurzeln gekocht und fein gehackt, dann mit Salz, Pfeffer und zerlassener Butter gut vermengt und serviert.

Yam:
Knollen, die man wie Kartoffeln kochen und essen kann oder die man in dünne Scheiben schneiden, braten und als Beilage zu Hauptgerichten servieren kann.

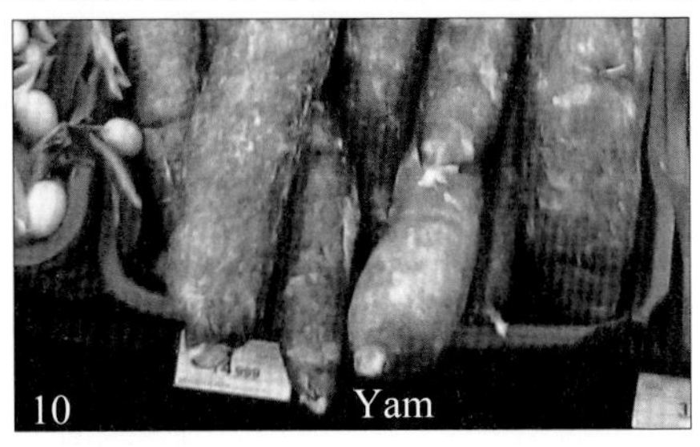
10 Yam

Arracacha:
Ist eine Yamsorte, die ein eigenartiges Aroma hat und wie normales Yam zum Kochen verwendet wird.

Palmölnüsse:
Man bekommt sie ab und zu bei einigen afrikanischen Lebensmittelhändlern (Afro-Shop).

Pfeilwurz (Arrowroot):
Wird als Kochgemüse verwendet.

Tapioka:
Sago aus der Maniokwurzel.

Taro:
Knollen, reichhaltig an Vitamin C und reich an Stärke.
Die Knollen werden als Gemüse verwendet und als Ersatz für Kartoffeln.
Taro sind fast das ganzen Jahr in ausländischen und manchen Supermärkte erhältlich.

11 Taro

Außer Akee, sind folgende Zutaten und Gewürze in Jamaika sehr beliebt:

Callaloo, weiche Blätter des Amaranthstrauchs, wird in Deutschland in Dosen angeboten.

Allspice, wird auch 4Gewürz oder Allgewürz genannt, Gewürzmischung besteht aus Pfeffer, Nelken, Zimt und Muskat.

❀❀❀❀❀❀❀❀❀❀❀

Vorspeisen und Beilagen

Fischbällchen

Zutaten:

250 g gesalzener Fisch
4 bis 5 mittelgroße Kartoffeln, schälen und vierteln
1 Ei, aufschlagen, in eine kleine Schale geben und gut verrühren
Chilipulver, Menge nach Geschmack
Etwas Butter
Öl, zum Braten

So wird es gemacht:

☺ Fisch unter fließendem Wasser abspülen ➟ Fisch und Kartoffeln in einen Topf geben, mit Wasser bedecken und kochen lassen, bis die Kartoffeln gar sind ➟ Topfinhalt in ein Sieb geben, abtropfen und abkühlen lassen.
☺ Den Fisch (oder die Fische) enthäuten, Gräten entfernen und das Fleisch mit einer Gabel pürieren oder in einem Mörser zerdrücken.
☺ Kartoffeln und etwas Butter in eine Schale geben und pürieren, Fischpüree dazugeben und gut vermengen, dann das Ei und Chilipulver dazugeben und gut vermengen ➟ aus der Masse kleine Bällchen formen und in Öl knusprig braten.

❁❁❁❁❁❁❁❁❁❁

Frittierte Akee mit gesalzenem Fisch

Zutaten:

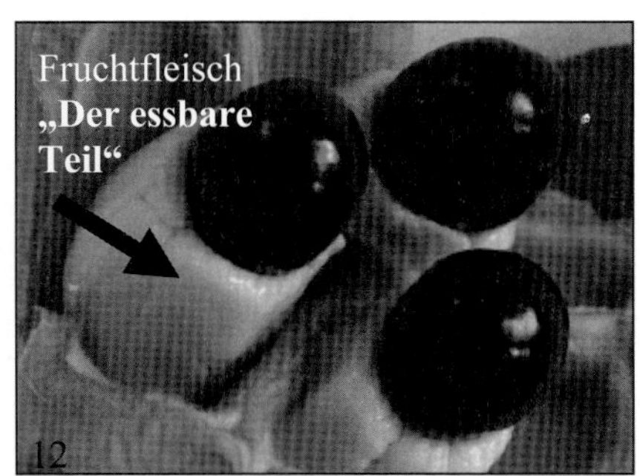

250 g gesalzener Fisch
12 oder mehr Akeefrüchte. Bei frischem Akee, müssen die schwarzen Samen und die roten Fäden unter den Samen entfernt werden
1 Esslöffel gehackter Thymian
1 kleine Zwiebel, schälen und in Scheiben schneiden
1 Tomate, hacken
1 kleine Chilischote, Stielansatz abschneiden, der Längen nach halbieren, Samen entfernen und fein hacken
1 Esslöffel Butter
Öl
Pfeffer

So wird es gemacht:

☺ Fisch oder Fische unter fließendem Wasser abspülen.
☺ Akee und Fisch (oder Fische) in einen Topf geben, mit Wasser bedecken und ca. 5 Minuten kochen lassen ➟ Topfinhalt in ein Sieb geben, abtropfen und abkühlen lassen.
☺ Fischhaut und Gräten entfernen und das Fleisch zerkleinern.
☺ Etwas Öl und Butter in einer tiefen Pfanne erhitzen ➟ Zwiebeln in das heiße Öl geben und glasig dünsten, Tomaten

und Chili untermengen und dünsten, bis die Flüssigkeit verdampft ist ➟ Akee, Fischstücke und etwas Pfeffer in die Pfanne geben, gut vermengen, ein paar Minuten dünsten und heiß oder kalt mit gebratener Kochbanane, Avocadoscheiben oder Brot servieren.

❁❁❁❁❁❁❁❁❁❁

Akeebratlinge

Zutaten:

10 bis 12 Akee, zerkleinern
1½ Tassen Mehl
1 kleine Zwiebel, fein hacken
2 Lauchzwiebeln, fein hacken
1 Tomate, fein hacken
Milch
Salz
Schwarzer Pfeffer
Öl, zum Braten

So wird es gemacht:

☺ Alle Zutaten, außer Mehl in eine Schüssel geben und gut vermengen, Mehl dazugeben und das ganze gut vermischen, Milch nach und nach darüber gießen und mit einem Löffel verrühren. Die Masse darf nicht so dick oder sehr flüssig sein.
☺ Öl in einer tiefen Pfanne erhitzen, Akeemasse löffelweise in das heiße Öl geben, etwas flachdrücken und von beiden Seiten knusprig braten.

❁❁❁❁❁❁❁❁❁❁

Gesalzene Fischbratlinge

Zutaten:

2 Tassen Mehl
250 g gesalzener Fisch
1 Teelöffel Backpulver
1 kleine Chilischote, Stielansatz abschneiden, der Länge nach halbieren, Samen entfernen und fein hacken
1 Esslöffel frischer Thymian, ersatzweise 1 Teelöffel getrockneter Thymian
1 kleine Zwiebel, schälen und fein hacken
1 kleine Tomate, hacken
1 bis 2 Esslöffel Butter
Pfeffer
Öl, zum Braten

So wird es gemacht:

☺ Gesalzenen Fisch ca. 10 Minuten kochen, aus dem Wasser nehmen und abkühlen lassen, dann Haut entfernen, mit der Hand zerlegen und die Gräten entfernen.
☺ Öl in einer tiefen Pfanne erhitzen ➡ Zwiebeln, Tomaten und Chili im heißen Öl weich dünsten, Fischstücke, Thymian und etwas Pfeffer untermengen und ca. 1 Minuten dünsten, Pfanne vom Herd nehmen und abkühlen lassen.
☺ Mehl und Backpulver in eine große Schale geben und vermengen ➡ Fischmasse zum Mehl geben, Wasser nach und nach dazugeben und mit einem Löffel vermengen, bis eine weiche Teigmasse entstanden ist (die Masse darf nicht zu flüssig oder fest sein).
☺ Öl in einer tiefen Pfanne erhitzen, Mehlmischung löffelweise in das heiße Öl geben und von beiden Seiten goldbraun braten ➡ heiß oder warm mit Avocadosalat oder Avocadopüree oder Brot servieren.

❁❁❁❁❁❁❁❁❁❁

Teigtaschen

Zutaten für den Teig:

2 Tassen Mehl, sieben
1 Teelöffel Backpulver
1/2 bis 1 Teelöffel Salz
1/2 Teelöffel Zucker
Milch oder Wasser oder beides
1 Esslöffel Butter oder Öl
1 bis 2 Teelöffel Kurkumapulver oder 1 cm Kurkumawurzel, schälen und zerdrücken

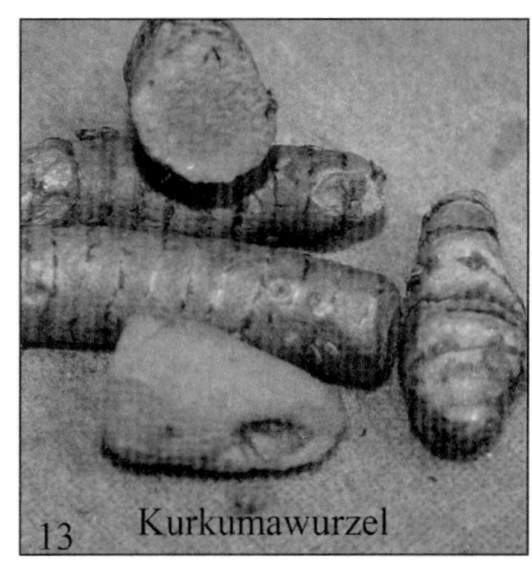
13 Kurkumawurzel

So wird es gemacht:

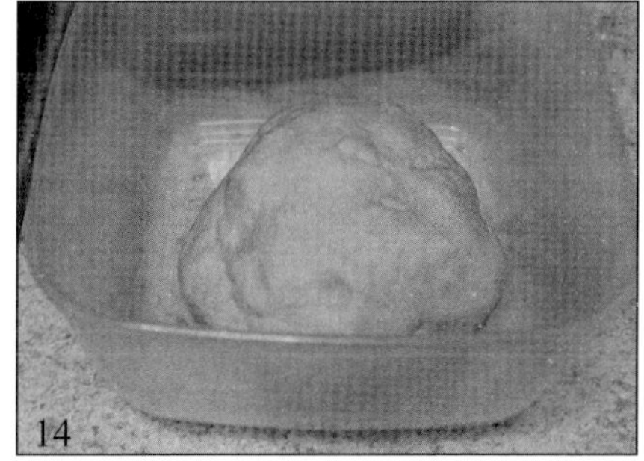
14

☺ Mehl in eine Schüssel geben ➟ Zucker, Kurkuma, Salz und Backpulver in 1/2 Tasse Milch geben und auflösen, dann nach und nach zum Mehl geben und kneten. Falls nötig noch mehr Milch oder Wasser dazugeben ➟ Butter oder Öl zum Teig geben und nochmal gut verkneten, Teig zudecken und ca. 1 Stunde stehen lassen.

☺ Abb. 15: Den Teig zu einer Kugel formen und dünn ausrollen, danach kann der Teig mit einer Schale, Tasse oder Teigpressform bearbeitet werden.

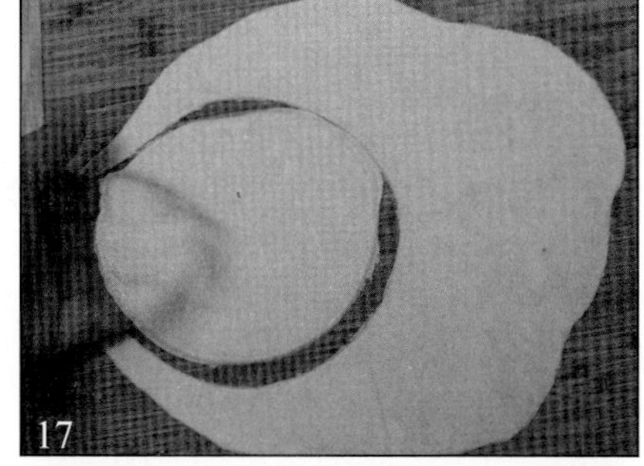

Abb. 16:
Eine Schale oder Tasse mit der Öffnung nach unten auf den Teigfladen stellen und mit einem Messer rundherum schneiden.

Abb. 17:
Den ausgeschnittenen Fladen auf die Arbeitsplatte legen.

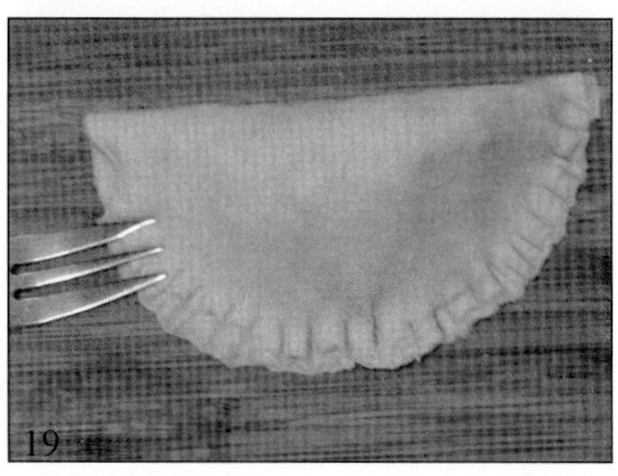

Abb. 18 und 19:
1 bis 2 Esslöffel Füllung (siehe Seite 20) auf die Fladen geben, zu Halbmonden formen und mit einer Gabel rundherum die Kante zusammenpressen, danach können die fertig gefüllten Teigfladen in Öl knusprig gebraten oder im Backofen bei

180°C gebacken werden, bis die Oberflächen goldgelbe Farbe annehmen.

Teigtaschen mit einer Teigform bearbeiten:

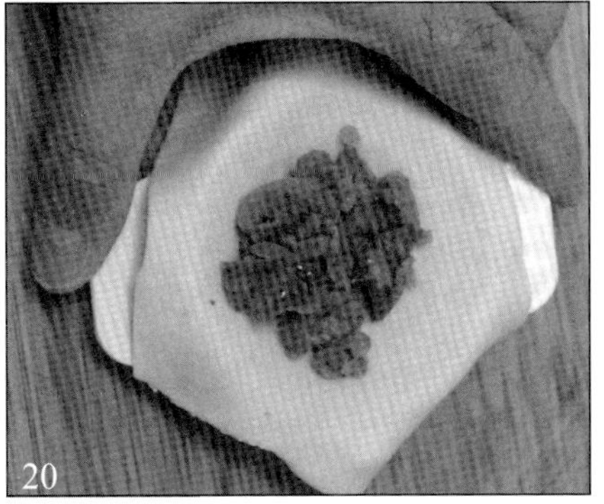

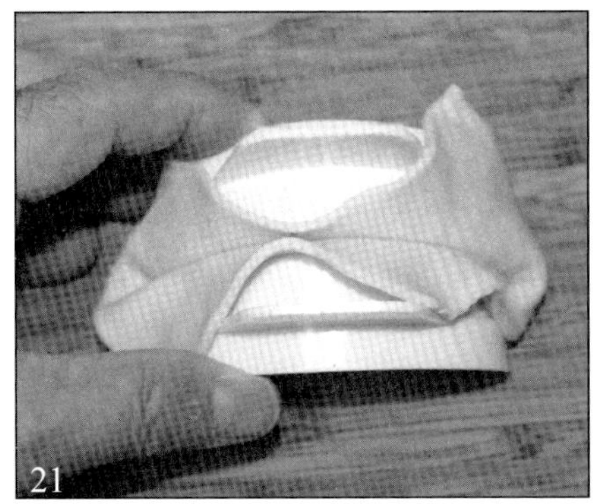

Abb. 20:
Ein Stück Teig auf die Form legen und Füllung in die Mitte geben (Füllung, siehe Seite 20).

Abb. 21:
Die Form zusammenpressen und überschüssigen Teig entfernen.

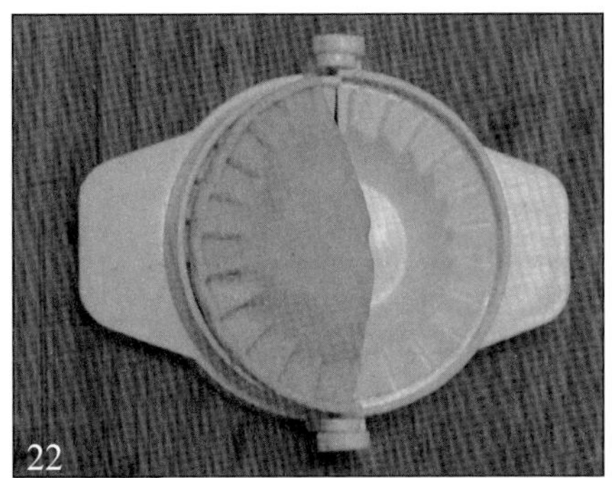

Abb. 22:
Form öffnen und die Teigtaschen in der Pfanne braten oder im Backofen bei 180°C backen, bis die Oberflächen goldgelbe Farbe annehmen.

Abb. 23:
Der Teig kann in verschieden Formen hergestellt werden.

<u>Die verschiedenen Füllungen sind auf Seite 20 bis 25 ausführlich beschrieben.</u>

Füllung mit Hackfleisch

Zutaten:

250 g Hackfleisch
1 kleine Zwiebel, fein hacken
1 bis 2 Knoblauchzehen, schälen, mit etwas Salz in einen Mörser geben und zerdrücken
2 Lauchzwiebeln, Stielansätze abschneiden und hacken
1 Tomate, fein hacken
1 kleine Chilischote, Stielansatz abschneiden, der Länge nach halbieren, Samen entfernen und fein hacken
2 bis 3 Esslöffel gehackte Petersilie
1 Teelöffel getrockneter Thymian
1 Teelöffel mildes Paprikapulver
1/2 Teelöffel Kreuzkümmelpulver
Salz
Pfeffer
Öl oder Butter

So wird es gemacht:

☺ Etwas Öl in einer Pfanne erhitzen (oder Butter zerlassen) ➟ Zwiebeln im heißen Öl glasig dünsten, Knoblauchpaste und gehackten Chili dazugeben und kurz dünsten, Tomaten untermengen und dünsten, bis die Flüssigkeit verdampft ist ➟ Hackfleisch zu den Zwiebeln geben und mit einem Löffel etwas zerdrücken ➟ Gewürze und Salz dazugeben, gut vermengen und braten, bis das Hack Farbe annimmt ➟ Thymian, Lauchzwiebeln und Petersilie untermengen und abschmecken ➟ weiter braten, bis die Flüssigkeit verdampft ist ➟ Pfanne vom Herd nehmen, abkühlen lassen, danach kann die Masse für die Teigfladen verwendet werden (siehe Seite 17 bis 19).

❁❁❁❁❁❁❁❁❁❁

Füllung mit Linsen

Zutaten:

1 Tasse braune Linsen, ca. 15 Minuten in Wasser einweichen, in ein Sieb geben und abtropfen lassen
2 Schalotten, schälen und fein hacken
2 getrocknete Tomaten, in Wasser einweichen, dann hacken
1 bis 2 Lauchzwiebeln, Stielansatz abschneiden und hacken
Limetten- oder Zitronensaft
Chilipulver, Menge nach Geschmack
Salz
Pfeffer
Öl oder Butter

So wird es gemacht:

☺ Linsen in Salzwasser gar kochen, in ein Sieb geben und abtropfen lassen.
☺ Schalotten und Tomaten in Öl oder Butter dünsten, bis die Schalotten etwas Farbe annehmen ➟ die restlichen Zutaten, auch die gekochten Linsen, zu den Schalotten geben, gut vermengen und ein paar Minuten dünsten ➟ die Masse mit Limettensaft oder Zitronensaft und Salz abschmecken ➟ Pfanne vom Herd nehmen, abkühlen lassen und damit die Teigtaschen füllen (siehe Seite 17 bis 19).

❁❁❁❁❁❁❁❁❁❁

Füllung mit Tofu

Zutaten:

1 Tofublock, in kleine Würfel schneiden
2 Esslöffel Sojasoße
2 bis 3 Lauchzwiebeln, Stielansatz abschneiden und hacken
1 Knoblauchzehe, schälen und mit etwas Salz zerdrücken
1 kleine Chilischote
1 lange milde Peperoni, Stielansatz abschneiden, der Länge nach halbieren, Samen entfernen und hacken
1 bis 2 Esslöffel gehackte Petersilie
Salz
Pfeffer
Öl oder Butter

So wird es gemacht:

☺ Tofuwürfel, Sojasoße und Knoblauchpaste in eine Schale geben und gut vermengen.

☺ Öl oder Butter in einer Pfanne erhitzen, Lauchzwiebeln, Chili und Peperoni in das heiße Öl geben und weich dünsten ➡ Tofuwürfel mit der Knoblauchpaste und Sojasoße zu den Lauchzwiebeln geben, gut vermengen und ein paar Minuten braten, bis der Pfanneninhalt trocken ist ➡ Chilischote entfernen ➡ gehackte Petersilie untermengen und mit Salz und Pfeffer abschmecken ➡ Pfanne vom Herd nehmen, abkühlen lassen und mit der Masse die Teigfladen füllen (siehe Seite 17 bis 19).

❁❁❁❁❁❁❁❁❁❁

Füllung mit Callaloo

(Callaloo sind die weichen Blätter des Amaranthstrauchs)

Zutaten:

250 g Callaloo. Ersatzweise frischer Blattspinat, oder Mangold. Die Blätter hacken, waschen und abtropfen lassen
1 kleine Zwiebel, schälen und hacken
1 Tomate, hacken
1 Knoblauchzehe, schälen und mit etwas Salz zerdrücken
Chilipulver, Menge nach Geschmack
1 lange milde Peperoni, Stielansatz abschneiden, der Länge nach halbieren, Samen entfernen und fein hacken
Limetten- oder Zitronensaft
1 Esslöffel Sojasoße
Salz
Pfeffer
Öl

So wird es gemacht:

☺ Blattgemüse in Salzwasser blanchieren, in ein Sieb geben und abtropfen lassen.
☺ Etwas Öl in einer Pfanne erhitzen und die Zwiebel darin glasig dünsten ➟ Tomaten, Peperoni, Knoblauchpaste, etwas Salz, Pfeffer und Sojasoße zur Zwiebel geben und weich dünsten ➟ Blattgemüse untermengen ➟ mit Salz und Zitronen- oder Limettensaft abschmecken ➟ Pfanne vom Herd nehmen, abkühlen lassen und mit der Masse die Teigfladen füllen (siehe Seite 17 bis 19).

❁❁❁❁❁❁❁❁❁❁

Füllung mit Wurzelgemüse

Zutaten:

250 g verschiedenes Wurzelgemüse:
Kartoffeln, Taro und Yam, schälen und in kleine Würfel schneiden
1 bis 2 Knoblauchzehen, schälen und mit etwas Salz zerdrücken
1 kleine Zwiebel, fein hacken
1 kleine Chilischote, Stielansatz abschneiden, der Länge nach halbieren, Samen entfernen und fein hacken
2 Esslöffel gehackte Petersilie
1 Esslöffel Thymian, ersatzweise 1 Teelöffel getrockneter Thymian
1 bis 2 Esslöffel Sojasoße
1 Teelöffel mildes Paprikapulver
Ein paar Pfefferkörner, zerdrücken
Salz
Öl

So wird es gemacht:

☺ Wurzelgemüse in einen Topf geben, etwas Salz darüber geben, mit Wasser bedecken und kochen lassen, bis es weich ist ➟ in ein Sieb geben und abtropfen lassen.
☺ Etwas Öl in einer tiefen Pfanne erhitzen ➟ Zwiebel im heißen Öl glasig dünsten, Knoblauchpaste, gehackten Chili, Paprikapulver, Pfeffer und Salz dazugeben, gut vermengen und kurz dünsten ➟ gekochtes Wurzelgemüse und Sojasoße untermengen und ca. 2 Minuten dünsten, Petersilie und Thymian untermengen und 1 bis 2 Minuten weiter dünsten ➟ Pfanne vom Herd nehmen, abkühlen lassen und mit der Masse die Teigfladen füllen (siehe Seite 17 bis 19).

❁❁❁❁❁❁❁❁❁❁

Füllung mit gesalzenem Fisch

Zutaten:

250 g gesalzener Fisch
1 bis 2 Knoblauchzehen, schälen und mit etwas Salz zerdrücken
1 kleine Chilischote, Stielansatz abschneiden, der Länge nach halbieren, Samen entfernen und fein hacken
3 bis 4 Lauchzwiebeln, Stielansätze abschneiden und hacken
2 Esslöffel gehackte Petersilie
1 Esslöffel frischer Thymian
Pfeffer
Butter

So wird es gemacht:

☺ Gesalzenen Fisch in einen Topf geben, mit Wasser bedecken und ca. 10 Minuten köcheln lassen, in ein Sieb geben und abkühlen lassen, dann Haut entfernen und den Fisch mit der Hand zerlegen und die Gräten entfernen.
☺ 1 Esslöffel Butter in einer Pfanne zerlassen ➟ Lauchzwiebeln, Chili und Knoblauchpaste in die Pfanne geben und kurz dünsten, zerkleinerten Fisch, Petersilie, Thymian und Pfeffer untermengen und ca. 1 Minute köcheln lassen ➟ Pfanne vom Herd nehmen, abkühlen lassen und die Teigfladen damit füllen (siehe Seite 17 bis 19) .

❁❁❁❁❁❁❁❁❁❁

Gebratener Taro

Zutaten:

2 mittelgroße Taroknollen, schälen, halbieren und in dünne Scheiben oder Würfel schneiden
2 Knoblauchzehen, schälen, mit etwas Salz in einen Mörser geben und zerdrücken
2 bis 3 Esslöffel Mehl
1 Ei, aufschlagen, in eine große Schale geben und rühren
Salz
Pfeffer
Öl, zum braten

So wird es gemacht:

☺ Alle Zutaten, außer Öl zum Ei geben, gut vermengen und ca. 30 Minuten stehen lassen.
☺ Öl in einer tiefen Pfanne erhitzen ➟ Taromischung löffelweise in das heiße Öl geben und von beiden Seiten goldbraun braten ➟ mit einem Schaumlöffel aus dem Öl nehmen, auf Küchenpapier geben, damit das überschüssige Öl entfernt wird und heiß servieren.

❁❁❁❁❁❁❁❁❁❁

Kreolische Bohnenpuffer

Zutaten:

1 Tasse Schwarze Augenbohnen
1 kleine Chilischote, Stielansatz abschneiden, der Länge nach halbieren und hacken
1 bis 2 Esslöffel gehackte Petersilie
1 Esslöffel Sojasoße
1 mittelgroße Zwiebel, schälen und hacken
1 bis 2 Knoblauchzehen, schälen und hacken
Salz
Pfeffer
Öl, zum Braten

So wird es gemacht:

☺ Bohnen und reichlich Wasser in einen Topf oder eine Schale geben und über Nacht stehen lasse, dann in ein Sieb geben und abtropfen lassen.
☺ Alle Zutaten zu den Bohnen geben und gut vermengen ➡ Bohnenmasse 2 bis 3 mal durch einen Fleischwolf geben ➡ Bohnenteig mit Salz abschmecken.
☺ Reichlich Öl in einer tiefen Pfanne erhitzen ➡ Bohnenteig löffelweise in das heiße Öl geben, von beiden Seiten goldgelb braten ➡ heiß mit Brot servieren.

Vermerk:
Der Bohnenteig soll locker auf dem Löffel liegen.
Statt eines Löffels kann ein Falafelformer verwendet (Abb. 24) werden, dadurch bekommt man gleichmäßige Bohnenpuffer.

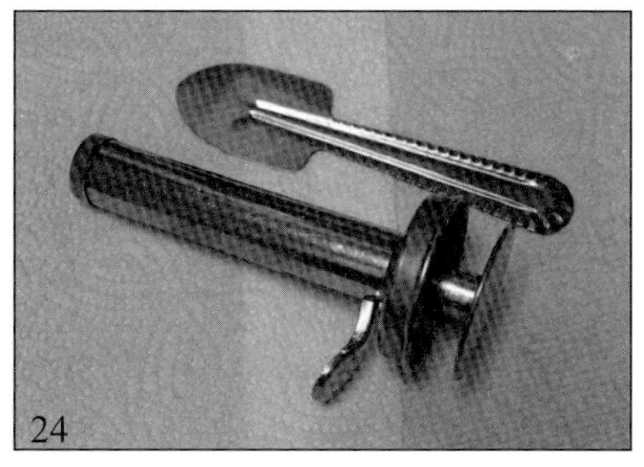
24

❁❁❁❁❁❁❁❁❁❁

Gebratene Cassava

Zutaten:

500g Cassava, schälen, in dicke Streifen schneiden, dann in Würfel
Folgende Zutaten mit etwas Salz in einen Mörser geben und zerdrücken:
1 bis 2 Knoblauchzehen, schälen und würfeln
1 Esslöffel Petersilienblätter
1/2 Teelöffel mildes Paprikapulver
Kleines Stück Chili
1 Prise Pfeffer
Butter oder Öl
Salz
Gehackte Petersilie, zum Garnieren

So wird es gemacht:

☺ Reichlich Wasser mit etwas Salz in einem Topf zum Kochen bringen ➟ Cassavawürfel in das kochende Wasser geben und bei mittlerer Hitze kochen lassen, bis die Cassava gar sind ➟ in ein Sieb geben und abtropfen lassen.
☺ Die abgekühlten Cassava in einer Schüssel mit der Knoblauchpaste vermengen, und ca. 15 Minuten stehen lassen.
☺ Etwas Butter oder Öl in einer Pfanne erhitzen ➟ Cassavawürfel in die heiße Butter geben und rundherum knusprig braten ➟ mit Salz abschmecken und servieren.

Vermerk:
Cassava wird auch Yuca, Maniok oder Tapioca genannt.

❁❁❁❁❁❁❁❁❁❁

Gebratene Kochbananen

Zutaten:

2 grüne Kochbananen (Plantain), schälen, der Länge nach anschneiden und in ca. 2 cm dicke Scheibcn schneiden
Salz
Öl oder Butter

So wird es gemacht:

☺ Bananenscheiben in einen Topf geben, mit Wasser bedecken und kochen lassen, bis sie gar sind, aus dem Wasser nehmen, abkühlen lassen und die Schalen entfernen.

☺ Öl in einer Pfanne erhitzen ➠ Plantainscheiben in das heiße Öl geben und goldbraun braten ➠ aus der Pfanne nehmen und auf Küchenpapier legen, damit das überschüssige Öl entfernt wird ➠ auf Servierteller geben, mit Salz bestreuen und als Beilage servieren.

*****

Variante 2

Zutaten:

2 reife Bananen
1/2 Tasse Zucker
1 Tasse Mehl
1 Tasse Wasser
Je 1 Teelöffel Zimt und Backpulver
1/2 Teelöffel Salz
Öl, zum Braten

So wird es gemacht:

☺ Bananen schälen, in eine Schale geben und mit einer Gabel pürieren ➟ Zucker, Zimt und eine Tasse Wasser zu den pürierten Bananen geben und gut verrühren. Oder Bananen, Wasser, Zucker und Zimt in einer Küchenmaschine pürieren.
☺ Mehl und Salz in eine große Schüssel geben, pürierte Bananen dazugeben und rühren. Die Masse soll so dick wie Joghurt sein (nicht zu flüssig oder dickflüssig).
☺ Öl in einer tiefen Pfanne erhitzen, Bananenmasse Löffelweise in das heiße Öl geben und von beiden Seiten goldgelb braten und zum Frühstück servieren.

✵✵✵✵✵

Variante 3

Zutaten:

3 Bananen
Zucker
Butter oder Öl

So wird es gemacht:

☺ Bananen schälen, halbieren, dann der Länge nach halbieren, auf einen Teller geben und Zucker darüber streuen.
☺ Butter in einer Pfanne zerlassen, Bananen zuerst mit den Schnittflächen nach unten in die Pfanne geben und von beiden Seiten goldgelb braten.

✿✿✿✿✿✿✿✿✿✿

Bananenbrei

Zutaten für Variante 1:

2 bis 3 grüne Bananen (Kochbananen)
3/4 Tasse Milch
1 Dose Kondensmilch
1 Tasse Wasser
1 Teelöffel Zimt
1/4 Teelöffel 4Gewürz (auf dem Markt erhältlich)
Eventuell Zucker
1 Teelöffel Vanilleessenz

Zutaten für Variante 2:

2 grüne Bananen, schälen und in Scheiben schneiden
1 Tasse Wasser
1 Tasse Kokosnussmilch
1 Tasse Milch, erhitzen
1 Teelöffel Vanilleessenz
Zucker
Salz

So wird es gemacht:

☺ Variante 1:

Bananen schälen, in Scheiben schneiden und in eine Küchenmaschine geben ➟ Milch und Wasser dazugeben und fein pürieren ➟ Bananenpüree in einen Topf geben und langsam zum Kochen bringen, dabei Zimt und Gewürze dazugeben, gut verrühren und köcheln lassen, öfter rühren, bis die Masse anfängt zu kochen ➟ Vanilleessenz und etwas Kondensmilch dazugeben, umrühren und weiter köcheln lassen, bis die Masse dickflüssig ist ➟ mit Zucker abschmecken und zum Frühstück servieren.

☺ Variante 2:
Kochbananen, Kokosnussmilch und Wasser in eine Küchenmaschine geben, fein pürieren, in einen Topf geben und ca. 10 Minuten kochen lassen, dabei umrühren ➟ Prise Salz, Vanilleessenz und Zucker (Menge nach Geschmack) zum Brei geben und rühren, bis der Zucker aufgelöst ist, nach und nach heiße Milch darüber geben, umrühren und köcheln lassen, bis der Brei dicker wird (wie Joghurt).

Vermerk:
Falls der Brei sehr dickflüssig ist, mit heißer Milch etwas verdünnen.
Zu dünner Brei kann mit etwas Mehl angedickt werden.

❁❁❁❁❁❁❁❁❁❁

Gebratene Kichererbsen

Zutaten:

1 Dose gekochte Kichererbsen, Dose aufschneiden, Inhalt in ein Sieb geben, mit klarem Wasser abspülen und abtropfen lassen
1 Knoblauchzehe, schälen und mit etwas Salz zerdrücken
Verschiedene Gewürze, Menge nach Geschmack:
Chilipulver, Korianderpulver, Currypulver, Kurkumapulver, Ingwerpulver
Salz
Öl, zum Braten

So wird es gemacht:

☺ Alle Gewürze und Knoblauchpaste zu den Kichererbsen geben und gut vermengen ➟ reichlich Öl in einer tiefen Pfanne erhitzen, Kichererbsen im heißen Öl goldgelb braten, mit einem Schaumlöffel aus dem Öl nehmen und servieren.

❁❁❁❁❁❁❁❁❁❁

Fischsalat

Zutaten:

250 g gesalzener Fisch
2 bis 3 Lauchzwiebeln, Stielansatz abschneiden und hacken, auch die grünen Teile
1 Tomate, in dünne Scheiben schneiden
1 kleine Gurke, schälen und würfeln
Limettensaft
1 Esslöffel gehackte Petersilie
Pfeffer
Olivenöl

So wird es gemacht:

☺ Den Fisch im Wasser ca. 10 Minuten kochen, aus dem Wasser nehmen und abkühlen lassen, dann Haut entfernen und das Fleisch mit der Hand auseinander nehmen und die Gräten entfernen ➠ Fischfleisch in kleine Stücke schneiden und in eine Servierschale geben, die restlichen Zutaten untermengen, mit Limettensaft abschmecken und servieren.

❁❁❁❁❁❁❁❁❁❁

Geräucherter Fisch in Essig

Zutaten:

250 g geräucherter Fisch
1 Schalotte, schälen und fein hacken
1 kleine Chilischote, Stielansatz abschneiden, der Länge nach halbieren, Samen entfernen und fein hacken
Ein paar Pimentkörner, zerdrücken
Ein paar Pfefferkörner, zerdrücken

26 Piment

1/4 Tasse Essig

So wird es gemacht:

☺ Fischfleisch von der Haut entfernen und mit der Hand auseinander nehmen und die Gräten entfernen, dann das Fleisch zerkleinern und in eine Servierschale geben ➟ die restlichen Zutaten dazugeben, gut vermengen, Schale zudecken und vor dem Servieren in Kühlschrank aufbewahren.

❁❁❁❁❁❁❁❁❁❁

Avocadosalat

Zutaten:

2 Avocados, schälen und das Fruchtfleisch in kleine Würfel schneiden
1 kleine rote Zwiebel, schälen und fein hacken
1 Lauchzwiebel, fein hacken
1 kleine lange milde Peperoni, Stielansatz abschneiden, der Länge nach halbieren, Samen entfernen und fein hacken. Statt Peperoni, kann man 1/2 Paprikaschote verwenden
Limetten- oder Zitronensaft
Etwas Olivenöl
Salz
Pfeffer

So wird es gemacht:

☺ Alle Zutaten in eine Servierschale geben und gut vermengen, mit Salz und Pfeffer abschmecken und zu Vorspeisen oder Hauptgerichten servieren.

❁❁❁❁❁❁❁❁❁❁

Avocadopüree

Zutaten:

2 Avocados
1 bis 2 Lauchzwiebeln, fein hacken
1 Teelöffel Limetten- oder Zitronensaft
Salz

So wird es gemacht:

☺ Avocados halbieren und Kerne entfernen, dann schälen, das Fruchtfleisch in eine Schale geben und mit einer Gabel pürieren ➟ gehackte Lauchzwiebeln untermengen ➟ mit Salz und Limettensaft abschmecken und zu Hauptgerichten servieren.

❁❁❁❁❁❁❁❁❁❁

Avocado Chutney

Zutaten:

1 Avocado, Fruchtfleisch zerkleinern
1 kleine Tomate, grob hacken
1 rote Zwiebel, schälen und grob hacken
1 bis 2 Knoblauchzehen, schälen und hacken
1 kleine Chilischote, Stielansatz abschneiden, der Länge nach halbieren, Samen entfernen und hacken
1 bis 2 Esslöffel gehackte Petersilien
Öl

So wird es gemacht:

☺ Etwas Öl in einer Pfanne erhitzen, alle Zutaten dazugeben und ein paar Minuten dünsten ➟ gedünstete Masse und etwas Wasser in eine Küchenmaschine geben und püriere, abschmecken und zu Hauptspeisen servieren.

❁❁❁❁❁❁❁❁❁❁

Mango Chutney

Zutaten:

1 Mango, schälen und das Fruchtfleisch mit einer Küchenreibe fein reiben
1 große oder 2 kleine rote Zwiebeln, schälen und grob hacken
2 bis 3 Knoblauchzehen, schälen und grob hacken
1 Teelöffel Tamarinde
Ca. 1 cm Ingwerwurzel, schälen und hacken
1 kleine Chilischote, Stielansatz und Samen entfernen und hacken
1/2 Bund frische Petersilie, Blätter waschen
Ein paar Pfefferminzblätter
1 Teelöffel Zucker
Salz
Pfeffer
Eventuell ein paar Esslöffel geriebene Kokosnuss

So wird es gemacht:

☺ Alle Zutaten und etwas Wasser in eine Küchenmaschine geben und pürieren ➟ abschmecken und zu Hauptgerichten oder mit Brot servieren.

Andere Variante

Alle Zutaten für das Chutney fein hacken und in eine Pfanne geben, etwas Wasser dazugeben und köcheln lassen, bis das Chutney dicker wird ➟ Mango Chutney in eine Servierschale geben, abkühlen lassen und servieren.

✿✿✿✿✿✿✿✿✿✿

Chili Chutney

Zutaten:

27

10 scharfe Peperoni, verschiede Sorten, Stielansätze abschneiden, halbieren und Samen entfernen
1 bis 2 Esslöffel Kokosnussraspeln
1 Esslöffel Tamarindepüree oder 1 Stück Tamarinde, in Wasser einweichen, dann mit den Fingern auspressen
1 Knoblauchzehe, schälen und vierteln
1 kleine Tomate, hacken
Salz
Öl

So wird es gemacht:

☺ Etwas Öl in einer Pfanne erhitzen ➞ Peperoni und Tomaten dazugeben und weich dünsten ➞ die restlichen Zutaten untermengen und kürz dünsten, dann in eine Küchenmaschine geben, etwas Öl dazugeben und pürieren ➞ zu Hauptgerichten servieren.

<u>Vermerk:</u>
Wichtig!! Wie man mit dem scharfen Chili umgeht, siehe Seite 8.

❁❁❁❁❁❁❁❁❁❁

Brotfruchtsalat

Zutaten:

2 bis 3 Tassen gewürfelte (ca. 2 cm) Brotfrucht
1 Tasse gekochte Erbsen und Karotten
Ein paar Esslöffel gekochter Mais
1/2 Stange Sellerie, in kleine Würfel schneiden
1 rote Zwiebel, schälen und fein hacken
2 Lauchzwiebeln, Stielansätze abschneiden und hacken
1 milde rote Peperoni, Stielansatz abschneiden, der Länge nach halbieren, Samen entfernen und hacken
1 kleines Stück gehackter scharfer Chili
Mayonnaise, Menge nach Geschmack
1/2 Teelöffel oder mehr Senf
Limetten- oder Zitronensaft
Salz
Pfeffer
Salatblätter

So wird es gemacht:

☺ Brotfruchtwürfel in Salzwasser gar kochen, in ein Sieb geben, abtropfen und abkühlen lassen, dann in eine große Schale geben.
☺ Mayonnaise und Senf in eine Schale geben und gut vermengen.
☺ Alle Zutaten nach und nach zur Brotfrucht geben und gut vermengen, mit Salz, Pfeffer und Limettensaft abschmecken.
☺ Eine Servierschüssel mit Salatblättern belegen, Brotfruchtsalat darauf geben und zu Hauptgerichten servieren.

❁❁❁❁❁❁❁❁❁❁

Süßkartoffelsalat

Zutaten:

2 Süßkartoffeln, schälen und in ca. 2 cm Würfel schneiden
1 Tasse gekochtes Gemüse: Erbsen, Mais und Karotten
1 kleine Schalotte, schälen und fein hacken
2 lange milde Peperoni, rot und grün, Stielansätze abschneiden, der Länge nach halbieren, Samen entfernen und fein hacken
1 kleines Stück gehackter Chili, Sorte nach Belieben
Mayonnaise
Salz
Pfeffer
Salatblätter

So wird es gemacht:

☺ Süßkartoffeln in einen Topf geben, mit Wasser bedecken und kochen lassen, bis die Süßkartoffelwürfel gar sind, in ein Sieb geben, abtropfen und abkühlen lassen, dann in eine große Schüssel geben.
☺ Alle Zutaten nach und nach zu den Kartoffeln geben und gut vermengen ➞ mit Salz und Pfeffer abschmecken.
☺ Ein Servierschüssel oder Schale mit Salatblättern belegen, Kartoffelsalat darüber geben und zu Hauptgerichten servieren.

❁❁❁❁❁❁❁❁❁❁

Scharfe Peperonisoße

Zutaten für Variante 1:

5 lange scharfe Peperoni, Stielansätze abschneiden
1 Bund Petersilie, Blätter waschen und grob hacken
4 bis 5 Knoblauchzehen, schälen und vierteln
Limettensaft
Essig
Salz

Zutaten für Variante 1:

5 lange scharfe Peperoni, Stielansätze abschneiden
1 bis 2 cm Ingwerwurzel, schälen und hacken
3 bis 4 Knoblauchzehen, schälen und vierteln
1 Teelöffel Zucker
Essig

Vermerk:
In den meisten südamerikanischen Ländern wird die Peperonisorte „Hapenero“ zum Kochen und zur Herstellung von Soßen verwendet. Diese Peperonisorte ist extrem scharf und viele könne sie nicht vertragen, deshalb sollte zur Herstellung der Soßen eine etwas mildere Peperonisorte verwendet werden.
Vorsicht!! Wie man mit den scharfen Peperoni umgeht ist auf Seite 8 beschrieben.

So wird es gemacht:

☺ Variante1:
Peperoni, Knoblauch, Petersilie, 1 Esslöffel Limettensaft, etwas Salz und Essig in eine Küchenmaschine geben und fein pürieren. Falls die Soße sehr dickflüssig ist, mit etwas Essig

und Limettensaft verdünnen ➠ Soße in ein Glas geben, verschließen und 1 Woche stehen lassen.

☺ Variante 2:

Alle Zutaten wie in Variante 1 beschrieben pürieren, in ein Glas geben, verschließen und 1 Woche stehen lassen.

✲✲✲✲✲✲✲✲✲✲

Tomatensoße

Zutaten:

250 g Tomaten

1 kleine Chilischote, Stielansatz abschneiden, der Länge nach halbieren, Samen entfernen und fein hacken

2 bis 3 Knoblauchzehen, schälen und mit etwas Salz zerdrücken

2 Esslöffel verschiedene frische Kräuter oder 1 Esslöffel getrocknete Kräuter:

- Thymian
- Rosmarin
- Oregano
- Basilikum

Salz

Öl

So wird es gemacht:

29

30

☺ Tomaten häuten:

① Tomatenhaut mit einem Messer anritzen, in einen Topf geben, mit kochendem Wasser überbrühen und kurz im Wasser stehen lassen.

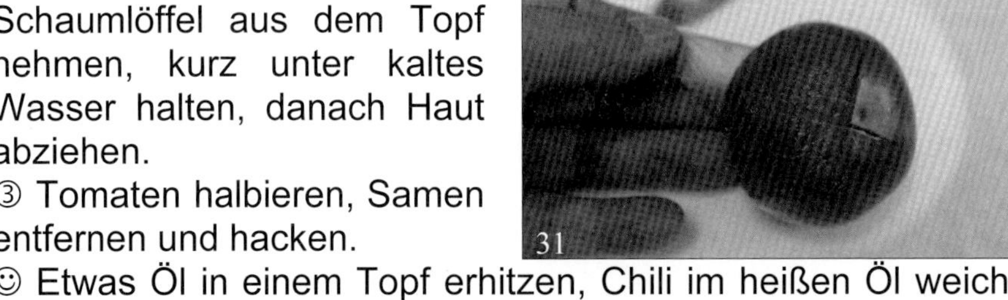

② Tomaten mit einem Schaumlöffel aus dem Topf nehmen, kurz unter kaltes Wasser halten, danach Haut abziehen.

③ Tomaten halbieren, Samen entfernen und hacken.

☺ Etwas Öl in einem Topf erhitzen, Chili im heißen Öl weich dünsten, Knoblauch dazugeben und kurz dünsten ➟ Tomaten zum Chili geben, gut vermengen und ca. 2 Minuten dünsten, dann Kräuter und Salz untermengen und weiter dünsten, bis die Masse dickflüssig ist ➟ mit Salz abschmecken und zu Hauptgerichten servieren.

❁❁❁❁❁❁❁❁❁❁

Jerked Marinade und Soße

Zutaten:

1 kleine Zwiebel, schälen und grob hacken
1 Knoblauchzehe, schälen und vierteln
2 bis 3 Lauchzwiebeln, Stielansätze abschneiden
2 bis 3 Esslöffel brauner Zucker
3/4 bis 1 Tasse Sojasoße
1 Teelöffel getrockneter Thymian
Je 1/4 Teelöffel:
Zimt, Ingwerpulver, Pimentpulver und 4Gewürz
1 kleines Stück Chilischote
Etwas Öl
Essig oder Zitronensaft
Salz und Pfeffer

So wird es gemacht:

☺ Alle Zutaten in eine Küchenmaschine geben, fein pürieren und Grill- oder Backfleisch, Fisch oder Geflügel damit einige Stunden marinieren.

Einfacher Reis

Zutaten:

1 Tasse Langkornreis, waschen und abtropfen lassen
2 Tassen Wasser
1 Teelöffel Salz

So wird es gemacht:

☺ Reis, Wasser und Salz in einen Topf geben ➟ Topf zudecken und kurz zum Kochen bringen, dann bei sehr schwacher Hitze 15 bis 20 Minuten köcheln lasse, bis der Reis gar und trocken ist ➟ Reis mit einer Gabel lockern und heiß zu Hauptgerichte servieren.

Suppen

Akeesuppe - Vegetarisch

Zutaten:

1 kleine Dose Akee
2 Tassen Gemüsebrühe oder Brühe und Wasser
1 Becher Sahne
1 Schalotte, schälen und hacken
1 Knoblauchzehe, schälen und vierteln
1 kleine oder 1/2 Chilischote, entkernen
Butter oder Öl
1 Teelöffel getrockneter Thymian oder ein paar frische Thymianstängel
Salz
Pfeffer

So wird es gemacht:

☺ Etwas Öl oder Butter in einen Topf geben und erhitzen ➟ Schalotten, Chili, Knoblauch und Thymian in das heiße Öl geben und weich dünsten ➟ Akeedose öffnen und deren Inhalt „mit Flüssigkeit“ in den Topf geben, dann Brühe und 1/2 Becher Sahne darüber geben, umrühren und zum Kochen bringen, dann ca. 10 bis 15 Minuten köcheln lassen ➟ Topf vom Herd nehmen, Thymianstängel entfernen und abkühlen lassen, dann die Suppe in eine Küchenmaschine geben, fein pürieren, wieder in den Topf geben, abschmecken und erhitzen. Falls die Suppe sehr dickflüssig ist, Sahne darüber geben ➟ heiß servieren.

✵✵✵✵✵✵✵✵✵✵✵

Rote Bohnen Suppe

Zutaten:

250 g Rote Bohnen, ein paar Stunden in Wasser einweichen, in ein Sieb geben und abtropfen lassen
100 g Fleischstück, in kleine Würfel schneiden
150 g gesalzenes Fleisch, in kleine Würfel schneiden
1 Tasse Kokosnussmilch
1 kleine Taro, schälen und in Würfel schneiden
1 Stück Yam, schälen und in Würfel schneiden
Ein paar Thymianstängel
1 bis 2 Schalotten, schälen und fein hacken
1 bis 2 Knoblauchzehen, schälen, mit etwas Salz in einen Mörser geben und zerdrücken
1 scharfe kleine Peperoni, ganz
1 kleine Chilischote, Stielansatz abschneiden, der Länge nach halbieren, Samen entfernen und fein hacken
1 Tomate, hacken
Salz
Pfeffer
Öl oder Butter

So wird es gemacht:

☺ Bohnen und 3 Tassen Wasser in einen Topf geben und kochen lassen, bis die Bohnen fast gar sind ➡ Fleischwürfel, Thymian und ganze Peperoni zu den Bohnen geben und weiter kochen, bis die Bohnen und die Fleischwürfel gar sind ➡ Thymianstängel und Peperoni entfernen ➡ abschmecken. Inzwischen, die restlichen Zutaten bearbeiten.
☺ Etwas Öl in einer Pfanne erhitzen ➡ Schalotten, Tomaten, gehackten Chili und Knoblauch in das heiße Öl geben und für ein paar Minuten weich dünsten ➡ Taro und Yam in die Pfan-

ne geben, gut vermengen und abschmecken ➟ Pfanneninhalt und Kokosnussmilch zu den Bohnen geben, köcheln lassen, bis der Yam und Taro gar sind ➟ Suppe heiß servieren.

❁❁❁❁❁❁❁❁❁❁

Einfache Kokosnusssuppe

Zutaten:

250 g Fleischstück, in kleine Würfel schneiden, waschen und abtropfen lassen
1 Dose Kokosnussmilch
1 bis 2 frische Thymianstängel
2 bis 3 Lauchzwiebeln, Stielansätze abschneiden und fein hacken
2 bis 3 Tassen Wasser
Salz
Pfeffer

Vermerk:
Für das Rezept braucht man normalerweise Fruchtfleisch von einer kleinen frischen Kokosnuss, die man in Deutschland selten findet.

So wird es gemacht:

☺ Fleisch und Wasser (und falls vorhanden, zerkleinertes frisches Kokosnussfruchtfleisch) in einen Topf geben und kochen lassen, bis die Fleischstücke gar sind ➟ die restlichen Zutaten, außer Kokosnussmilch zum Fleisch geben und ein paar Minuten brodeln lassen, dann Kochtemperatur auf mittlere Hitze stellen, Kokosnussmilch dazugeben, umrühren und 2 bis 3 Minuten kochen lassen, Thymianstängel entfernen, abschmecken und heiß servieren.

Vermerk:
Zum besseren Geschmack, kann eine kleine, ganze Chilischote mitgekocht und danach entfernt werden.

✺✺✺✺✺✺✺✺✺✺

Fufu

Zutaten:

2 Kochbananen, schälen und in Scheiben schneiden
250 g Yam und/oder Cassava, schälen und in Würfel schneiden
250 g Fleisch, in kleine Würfel schneiden, waschen und abtropfen lassen
Handvoll kleine frische Okraschoten, Stielansätze kegelförmig abschneiden. Ersatzweise 4 bis 5 große Okraschoten
1 bis 2 Karotten, Stielansätze abschneiden, schälen und in Scheiben schneiden
1 Lauchstange, Stielansatz abschneiden und hacken
1 Knoblauchzehe, fein hacken oder mit etwas Salz zerdrücken
1 ganze Chilischote
Ein paar Pimentkerne
2 bis 3 Thymianstängel oder 1 Teelöffel getrockneter Thymian
1 Teelöffel mildes Paprikapulver
Salz
Pfeffer
Öl

Vermerk:

① Statt Kochbananen und Yam, kann Fufumehl verwendet werden. Eine Packung Fufumehl kostet ca. 5,00€. Bei der Verwendung von Fufumehl sollten beim Kochen die Herstellerangaben beachtet werden.

② Zur Suppe kann noch gehackter Spinat oder anderes Gemüse, zum Beispiel Kürbis, gegeben werden.

So wird es gemacht:

☺ Fufuteig herstellen:
① Bei der Verwendung von Fufumehl sollten die Herstellerangaben beachtet werden.
② Zerkleinerte Kochbananen und Yam und/oder Cassava in eine Küchenmaschine geben, 1 bis 2 Tassen Wasser dazugeben und fein pürieren (die Masse soll so dick wie Joghurt sein) ➟ pürierte Masse in einen Topf geben und langsam erhitzen, dabei ständig rühren, bis die Masse fest ist (wie Teig) ➟ Topf vom Herd nehmen und beiseitestellen.
☺ Etwas Öl in einen Topf geben und erhitzen ➟ Fleischwürfel im heißen Öl kurz braten ➟ 2 bis 3 Tassen Wasser darüber gießen und kochen lassen, bis die Fleischwürfel fast gar sind, dann die restlichen Zutaten (außer Fufuteig) dazugeben und kochen lassen, bis alle Zutaten gar sind ➟ Falls große Okraschoten mitgekocht wurden, Okraschoten aus dem Topf nehmen, zerdrücken und wieder in den Topf geben ➟ Chilischote und Thymianstängel entfernen und die Suppe abschmecken.
☺ Servieren:
① Ein Stück Fufuteig auf einen Suppenteller geben, Suppe darüber gießen und servieren.
② Die Suppe zum Fufuteig geben und rühren, bis sich der Teig in der Suppe aufgelöst hat, dann servieren.

✺✺✺✺✺✺✺✺✺✺

Kürbissuppe

Zutaten:

250 g Fleischstück, in große Würfel schneiden
100 g gesalzenes Fleischstück
1 Zwiebel, schälen und vierteln
1 kleiner Kürbis, zum Beispiel Butterkürbis, halbieren, Kerne und harte Stellen entfernen, schälen und das Fruchtfleisch in Würfel schneiden
1 Stück Yam oder Cassava, schälen und in nicht so große Würfel schneiden
1 Tasse Kokosnussmilch
1 Knoblauchzehe, schälen und mit etwas Salz zerdrücken
2 Staudensellerie, hacken
2 bis 3 Lauchzwiebeln, Stielansätze abschneiden und hacken
1 ganze Chilischote
Chilipulver, Menge nach Geschmack
1 Teelöffel getrockneter Thymian oder ein paar Thymianstängel
1 cm Ingwerwurzel, schälen und reiben. Ersatzweise 1/2 Teelöffel Ingwerpulver
Pfeffer
1 Tasse Mehl, daraus werden kleine Teigbällchen für die Suppe gemacht.
Salz

So wird es gemacht:

☺ Fleisch, Zwiebel und 3 bis 4 Tassen Wasser in einen Topf geben und kochen lassen, bis das Fleisch gar ist ➡ Fleischstücke aus der Brühe nehmen, abkühlen lassen und in kleine Würfel schneiden ➡ Brühe durch ein Sieb geben und in einem Topf auffangen.

☺ Kürbis, Yam oder Cassava, Sellerie und Lauchzwiebeln zur

Brühe geben und zum Kochen bringen, dann Gewürze, den ganzen Chili dazugeben und kochen lassen, bis die Kürbisstücke gar sind ➟ Kürbisstücke aus dem Topf nehmen, in eine Küchenmaschine geben und fein pürieren, dann wieder in den Topf geben ➟ Fleischwürfel und Kokosnussmilch zur Suppe geben, umrühren, abschmecken und köcheln lassen. Inzwischen das Mehl bearbeiten.

☺ Mehl und etwas Salz in eine Schale geben, Wasser nach und nach dazugeben und zu einem festen Teig verkneten ➟ den Teig in kleine Stücke schneiden und zwischen den Handflächen zu Bällchen formen, dann Flach drücken und in die Suppe geben ➟ Topf zudecken und ca. 10 bis 15 Minuten köcheln lassen und heiß servieren.

✺✺✺✺✺✺✺✺✺✺

Fish Tea Soup

Zutaten:

2 Fischfilets oder 1 Fisch, ca. 250 g
1 Zwiebel, schälen und vierteln
2 bis 3 Knoblauchzehen, schälen und halbieren
1 ganze Chilischote
1 Kochbanane, schälen, der Länge nach halbieren und in Scheiben schneiden
2 bis 3 Kartoffeln oder 1 Stück Yam, schälen und in ca. 2 cm Würfel schneiden
1 Lauchstange, Stielansatz abschneiden und hacken. Ersatzweise 3 bis 4 Lauchzwiebeln
1 Teelöffel getrockneter Thymian
Ein paar Pimentkörner
Limetten- oder Zitronensaft
Salz und Pfeffer

Vermerk:
In Jamaika verwendet man für diese Suppe „Fish Tea Soup Mix“ (Gewürzmischung), In Deutschland ist diese Mischung in karibischen Shops oder über das Internet erhältlich.

So wird es gemacht:

☺ Fischfilets, Knoblauch, Zwiebel, etwas Limettensaft und Salz in einen Topf geben, 3 bis 4 Tassen Wasser darüber geben und ca. 10 bis 15 Minuten kochen lassen ➟ ein Sieb auf einen Topf stellen und den Fischsud durch das Sieb geben ➟ Fischstücke aus dem Sieb nehmen, zerkleinern, Gräten entfernen und beiseitestellen.

☺ Kochbananen, Kartoffeln und/oder Yam, Lauch, Thymian, Chilischote, Piment, Salz und Pfeffer zum Fischsud geben und kochen lassen, bis das Gemüse gar ist ➟ Fischstücke in die Suppe geben, mit Salz, Pfeffer und Limettensaft abschmecken und heiß servieren.

Ochsenschwanzsuppe

Zutaten:

1 kg Ochsenschwanz
250 g Yam, schälen und in Würfel schneiden. Ersatzweise Kartoffeln
1 cm Ingwerwurzel, schälen und reiben oder zerdrücken
2 Knoblauchzehen, schälen und halbieren
1 Teelöffel getrockneter Thymian oder ein paar frische Thymianstängel
1 rote Zwiebel, schälen und fein hacken
1 Bund Lauchzwiebeln, Stielansätze abschneiden und hacken
1 ganze Chilischote
1 kleines Stück Chilischote, fein hacken oder 1/4 Teelöffel Chilipulver
Kokosnussmilch
Salz
Pfeffer

So wird es gemacht:

☺ Ochsenschwanz, Salz, Chilischote, Knoblauch und 4 bis 5 Tassen Wasser in einen Topf geben und kochen lassen, bis das Fleisch gar ist und sich vom Knochen löst ➡ Sieb auf einen Topf stellen und die Brühe durchsieben, Fleischstücke rausnehmen, zerkleinern und beiseitestellen.
☺ Den Topf mit der Brühe auf den Herd stellen und zum Kochen bringen, alle Zutaten „außer Kokosnussmilch“ zur Brühe geben und köcheln lassen, bis die Yamwürfel (oder Kartoffeln) gar sind ➡ 1 Tasse Kokosnussmilch darüber gießen, umrühren und ca. 10 Minuten weiter kochen, dann die Suppe abschmecken und heiß servieren.

✻✻✻✻✻✻✻✻✻✻

Fleischsuppe

Zutaten:

250 g Fleischstück, in Würfel schneiden, waschen und abtropfen lassen
100 g gesalzenes Fleischstück, in Würfel schneiden
Ca. 500 g verschiedene Sorten Gemüse und Wurzelgemüse:
  Taro, Yam, Kürbis und Cho Cho, schälen und in Würfel schneiden
  Karotten, Stielansätze abschneiden und in Scheiben schneiden
  Erbsen
  Blumenkohl, in kleine Röschen schneiden
  Handvoll frische Bohnen, vierteln
1 bis 2 Selleriestängel, hacken
2 bis 3 Lauchzwiebeln, Stielansätze abschneiden und hacken
1 kleine rote Zwiebel, schälen und hacken
1 bis 2 Knoblauchzehen, schälen und fein hacken oder mit etwas Salz zerdrücken
1 kleines Stück Chilischote, fein hacken
2 bis 3 Thymianstängel oder 1 Teelöffel getrockneter Thymian
Ein paar Pimentkörner
1 Teelöffel mildes Paprikapulver
Salz
Pfeffer
Öl oder Butter
1 bis 1½ Tassen Mehl

So wird es gemacht:

☺ Etwas Öl in einen Topf geben und erhitzen, Fleischstücke dazugeben und braten, bis sie Farbe annehmen ➠ Gemüse und die restlichen Zutaten untermengen und 2 bis 3 Minuten dünsten ➠ 3 Tassen Wasser darüber gießen, Topf zudecken und köcheln lassen, bis alles im Topf gar ist. Inzwischen die Teigbällchen fertigstellen.

☺ Mehl sieben und in eine Schale geben, etwas Salz dazugeben, dann nach und nach Wasser darüber geben und zu einem festen Teig verkneten ➠ den Teig in kleine Stücke teilen und zwischen den Handflächen zu Bällchen formen, dann Flach pressen und in die Suppe geben ➠ Topf zudecken und ca. 10 Minuten köcheln lassen. Falls viel Flüssigkeit verdampft ist, heißes Wasser darüber gießen und umrühren.

✺✺✺✺✺✺✺✺✺✺

Gemüse-, Hülsenfrüchte- und Fleischgerichte

Rote Bohnen mit Teigbällchen

Zutaten:

1 Tasse Mehl
1/4 Tasse Maismehl
1 bis 1½ Tassen Kidneybohnen, über Nacht in Wasser einweichen. Man kann auch andere rote Bohnensorten verwenden
1 Dose Kokosnussmilch
1 cm Ingwerwurzel, schälen und in kleine Würfel schneiden
2 bis 3 Knoblauchzehen, schälen und hacken
2 bis 3 Thymianstängel
3 bis 4 Lauchzwiebeln, Stielansätze abschneiden und vierteln
Ein paar Pimentkörner
1/2 Teelöffel Allspice wird auch 4Gewürz oder Allgewürz genannt (besteht aus Nelken, Pfeffer, Zimt und Muskat)
1 kleine ganze Chilischote
Salz

So wird es gemacht:

☺ Bohnen, Ingwer, Knoblauch, Piment und ca. 2 Tassen Wasser in einen Topf geben, Topf zudecken und kochen lassen, bis die Bohnen gar sind ➟ Kokosnussmilch, Lauchzwiebeln, Chili, 4Gewürz und Thymian dazugeben, umrühren und weitere 10 bis 15 Minuten köcheln lassen. Inzwischen die beiden Mehlsorten zu einem Teig verkneten.

☺ Beide Mehlsorten sieben und in eine Schale geben ➟ Wasser nach und nach zum Mehl geben und zu einem Teig verkneten ➟ den Teig in kleine Stücke schneiden und zu kleinen Bällchen formen, flach pressen und zu den Bohnen geben ➟ Topf zudecken und ca. 10 Minuten köcheln lassen. Die Flüssigkeit darf nicht ganz verdampfen, ansonsten etwas Wasser oder Kokosnussmilch dazugeben ➟ heiß mit Salat oder Chutney servieren.

Vermerk:

Manche Bohnensorten brauchen viel Zeit um gar zu werden. Um Zeit zu sparen, können die Bohnen in einem Schnellkochtopf für ca. 20 Minuten gegart werden.

✧✧✧✧✧✧✧✧✧✧

Kichererbsen Curry

Zutaten:

150 bis 200 g Kichererbsen, über Nacht in Wasser einweichen, in ein Sieb geben und abtropfen lassen
1/2 Tasse Kokosnussmilch
1 kleine Zwiebel, hacken
1/2 Knoblauchzehe, mit etwas Salz zerdrücken
3 bis 4 Esslöffel Butter
je 1/4 Teelöffel Gewürze in Pulverform:
Kurkuma, Currypulver, Ingwerpulver, Piment, Koriander, Kümmel und Garam Masala
Salz

So wird es gemacht:

☺ Kichererbsen in einen Topf geben ➟ ca. 1 Liter Wasser darüber gießen und kochen lassen, bis die Erbsen gar sind.
☺ Butter in einem Topf zerlassen ➟ Zwiebel und Knoblauchpaste dazugeben und goldbraun dünsten ➟ Gewürze und Salz darüber streuen und gut vermengen ➟ Kichererbsen mitsamt ihrem Wasser und Kokosnussmilch darüber gießen.

Falls nötig, etwas heißes Wasser dazugeben ➞ Topf zudecken und bei schwacher Hitze ca. 20 Minuten köcheln lassen ➞ abschmecken und heiß servieren.

✧✧✧✧✧✧✧✧✧✧✧

Bohnen mit Reis

Zutaten:

1 bis 1½ Tassen Langkornreis, waschen und abtropfen lassen
1 Tasse Kidneybohnen oder eine andere rote Bohnensorte, über Nacht in Wasser einweichen
1 Tasse Kokosnussmilch
150 bis 200 g Fleischstück, in Würfel schneiden, waschen und abtropfen lassen
1 Knoblauchzehe, schälen und mit etwas Salz zerdrücken
2 bis 3 Lauchzwiebeln, Stielansätze abschneiden und hacken
1 kleines Stück Chilischote, fein hacken, ersatzweise Chilipulver
2 bis 3 frische Thymianstängel
Salz
Pfeffer

So wird es gemacht:

☺ Bohnen, Fleischwürfel, Knoblauch, Chili, Thymian und 3 bis 4 Tassen Wasser in einen Topf geben, Topf zudecken und kochen lassen, bis die Bohnen und das Fleisch gar sind.
☺ Reis in einen Topf geben, Bohnen-Fleischmasse mit einem Schaumlöffel aus dem Topf nehmen und zum Reis geben, Lauchzwiebeln, Salz und Pfeffer untermengen, dann soviel Brühe darauf gießen, bis die Oberfläche ca. 2 fingerbreit über dem Topfinhalt steht ➞ Topf zudecken und kurz zum Kochen bringen, dann bei schwacher Hitze ca. 15 bis 20 Minuten köcheln lassen, bis der Reis gar und trocken ist.

Chilibohnen

Zutaten:

1½ bis 2 Tassen 3 verschiedene gekochte Sorten Bohnen:
   Kidneybohnen, Wachtelbohnen und Schwarze Bohnen
1/2 Tasse gekochter Mais
1 große Tomate, in Würfel schneiden
1 Zwiebel, schälen und hacken
2 rote und grüne milde Peperoni, ersatzweise 1 Paprikaschote, Stielansätze abschneiden, der Länge nach halbieren, Samen entfernen und hacken
1 kleine (oder große) Chilischote, je nach Geschmack, Stielansatz abschneiden, halbieren, Samen entfernen und hacken
1 Bund Lauchzwiebeln, Stielansätze abschneiden und hacken
1 Knoblauchzehe, schälen und mit etwas Salz zerdrücken
2 Esslöffel Tomatenmark, in 1 Tasse warmem Wasser auflösen oder 1 Tasse Tomatensaft
1 Teelöffel mildes Paprikapulver
1/2 Teelöffel Kreuzkümmelpulver
Salz und Pfeffer
Öl

So wird es gemacht:

☺ Etwas Öl in einem Topf erhitzen und die Zwiebel darin glasig dünsten ➠ Peperoni, Chili, Knoblauch, Tomaten, Lauchzwiebeln, Gewürze und Salz zur Zwiebel geben und ein paar Minuten weich dünsten ➠ gekochte Bohnen und Mais untermengen, dann aufgelöstes Tomatenmark oder Tomatensaft und ca. 1 Tasse Wasser darüber gießen, umrühren und ca.

15 bis 20 Minuten köcheln lassen ➡ mit Salz und Chilipulver abschmecken und heiß servieren.

❁❁❁❁❁

Chilibohnen mit Hackfleisch

Zutaten:

Man benötigt die gleichen Zutaten wie bei den Chilibohnen
Zusätzlich:
250 g Hackfleisch

So wird es gemacht:

☺ Etwas Öl in einer Pfanne erhitzen, Hackfleisch, Salz und Pfeffer im heißen Öl braten, bis das Hack Farbe annimmt und die Flüssigkeit verdampft ist, beim Braten das Hack mit einer Gabel lockern.
☺ Chilibohnenzutaten wie im vorherigen Rezept beschrieben bearbeiten und beim letzten Kochvorgang das Hack hinzufügen.

✧✧✧✧✧✧✧✧✧✧

Bohnen Curry

Zutaten:

1 bis 1½ Tassen Rote Bohnen oder Wachtelbohnen, über Nacht in Wasser einweichen, in ein Sieb geben und abtropfen lassen
1 große Tomate, hacken
1 Tasse Tomatensaft oder 2 Esslöffel Tomatenmark in einer Tasse warmem Wasser auflösen
1 Zwiebel, schälen und hacken
1 kleine Chilischote, Stielansatz abschneiden, der Länge nach halbieren, Samen entfernen und fein hacken
2 Knoblauchzehen, schälen und mit etwas Salz

zerdrücken
1 Bund Lauchzwiebeln, Stielansätze abschneiden und hacken
1 Paprikaschote oder 2 lange milde Peperoni, Stielansätze abschneiden, halbieren, Samen entfernen und hacken
2 bis 3 Thymianstängel, ersatzweise 1 Teelöffel getrockneter Thymian
2 bis 3 Esslöffel gehackte Petersilie
1/4 Teelöffel Currypulver
1/4 Teelöffel Kreuzkümmelpulver
Je 1/8 Teelöffel:
Ingwerpulver, Kurkumapulver und Pimentpulver
Salz und Pfeffer
Öl oder Butter

So wird es gemacht:

☺ Bohnen und ca. 2 Liter kaltes Wasser in einen Topf geben, Topf zudecken und zum Kochen bringen, dann bei schwacher Hitze köcheln lassen, bis die Bohnen gar sind, aber nicht zerfallen ➟ ein Sieb auf einen Topf stellen ➟ die gekochten Bohnen hineingeben und abtropfen lassen ➟ Bohnen und Flüssigkeit beiseitestellen.

☺ 3 bis 4 Esslöffel Butter (oder Öl) in einem Topf zerlassen ➟ Zwiebel und Knoblauchpaste dazugeben und weich dünsten ➟ Kochplatte auf mittlere Hitze stellen ➟ Gewürze dazugeben und umrühren ➟ Tomaten, Paprika, Chili, Lauchzwiebeln und Thymian untermengen und solange rühren, bis die meiste Flüssigkeit verdampft ist ➟ Bohnen dazugeben, gut vermengen und ein paar Minuten erhitzen ➟ Tomatensaft und Kochflüssigkeit unter ständigem Rühren nach und nach dazugeben, bis die Bohnen fast bedeckt sind ➟ ca. 5 Minuten kochen lassen ➟ abschmecken ➟ in eine Schüssel geben ➟ etwas Butter darüber verteilen und heiß mit Reis und/oder Brot servieren.

Callaloo mit Reis

Zutaten:

1 Dose Callaloo (siehe Seite 13), ersatzweise Mangold oder Spinat
1 Tasse Langkornreis, waschen und abtropfen lassen
1 kleine rote Zwiebel, schälen, halbieren und in dünne Streifen schneiden
1 Knoblauchzehe, schälen und mit etwas Salz zerdrücken
Ein paar Lauchzwiebeln, Stielansätze abschneiden und hacken
2 lange milde rote und gelbe Peperoni, Stielansätze abschneiden, der Länge nach halbieren, Samen entfernen und in Würfel schneiden
1 Tomate, hacken
2 Karotten, Stielansätze abschneiden, schälen und in dünne Scheiben schneiden
Chilipulver, Menge nach Geschmack
1/8 Teelöffel Kreuzkümmelpulver
1/2 Teelöffel mildes Paprikapulver
Eine Messerspitze 4Gewürz
1 Esslöffel Sojasoße
Salz
Pfeffer
Öl oder Butter

So wird es gemacht:

☺ Reis kochen:
1 Tasse Reis, 2 Tassen Wasser und ca. 1 Teelöffel Salz in einen Topf geben, Topf zudecken und kurz zum Kochen bringen, dann bei schwacher Hitze ca. 15 bis 20 Minuten köcheln lassen, bis der Reis gar und trocken ist ➟ Reis mit einer Gabel lockern, Topf vom Herd nehmen und beiseitestellen.

☺ Etwas Öl in einer tiefen Pfanne erhitzen ➟ Zwiebel im heißen Öl glasig dünsten. Knoblauchpaste, Lauchzwiebeln, Peperoni, Karotten, Tomaten und Gewürze zur Zwiebel geben, gut vermengen und weich dünsten, Sojasoße darüber geben und rühren, dann Callaloo darüber geben, gut vermengen und ein paar Minuten erhitzen ➟ mit Salz und Chilipulver abschmecken, gekochten Reis untermengen und heiß servieren.

✧✧✧✧✧✧✧✧✧✧

Callaloo mit Kochbananen

Zutaten:

1 Dose Callaloo. Ersatzweise Spinatblätter oder Mangold
1 bis 2 Kochbananen, Stielansätze und Spitzen abschneiden
1 Tasse kokosnussmilch
1 große Tomate, hacken
1 Zwiebel, schälen und hacken
1 Bund Lauchzwiebeln, Stielansätze abschneiden und hacken
1 rote, lange milde Peperoni, ersatzweise Paprikaschote, Stielansatz und Samen entfernen und in Würfel schneiden
1 bis 2 Knoblauchzehen, schälen und fein hacken
2 Esslöffel gehackte Korianderblätter. Ersatzweise 1 Teelöffel getrockneter Koriander oder Korianderpulver
1 Teelöffel getrockneter Thymian
1/4 Teelöffel Allspice (4Gewürz)
Chilipulver, Menge nach Geschmack
Salz
Pfeffer
Öl

So wird es gemacht:

☺ Kochbananen vierteln, Schale anschneiden und in Salzwasser kochen lassen (ca. 15 Minuten), bis sie gar sind, aus dem Wasser nehmen und Schale entfernen.

☺ Tomaten, Zwiebel, Knoblauch, Lauchzwiebeln, Paprika oder Paprikaschote, Gewürze, Salz und etwas Öl in eine tiefe Pfanne oder einen Topf geben und weich dünsten ➟ Callaloo oder frischen Spinat untermengen und ein paar Minuten dünsten, Kochbananen und Kokosnussmilch dazugeben, umrühren, abschmecken, kurz erhitzen und heiß servieren.

Vermerk:

Das Gericht kann auch mit gesalzenem Fisch hergestellt werden:

100 g gesalzenen Fisch unter fließendem Wasser waschen, in einen Topf geben, mit Wasser bedecken und ein paar Minuten kochen lassen, dann in ein Sieb geben, abkühlen lassen und mit der Hand zerkleinern, dabei die Gräten entfernen.

Beim letzten Kochvorgang, die Fischstücke untermengen.

Callaloo Frikadellen

Zutaten:

1 Dose Callaloo (siehe Seite 13). Ersatzweise Mangold oder Spinatblätter, hacken, waschen und abtropfen lassen
1 Tomate, hacken
1 rote Zwiebel, schälen und fein hacken
Ein paar Lauchzwiebeln, Stielansätze abschneiden und hacken
1 lange milde Peperoni, ersatzweise Paprikaschote, Stielansatz und Kerne entfernen und hacken
1 Teelöffel getrockneter Thymian
1/4 Teelöffel Kreuzkümmel
Salz und Pfeffer
1 Tasse Mehl. Man kann auch verschieden Mehlsorten verwenden, zum Beispiel Fufumehl (Kochbananenmehl)
Öl, zum Braten

So wird es gemacht:

☺ Falls Mangold oder Spinat verwendet wird:
Etwas Butter in einer tiefen Pfanne zerlassen, Blattgemüse dazugeben und dünsten, bis die Blätter weich sind, Pfanne vom Herd nehmen, Blattgemüse in eine Schale geben und abkühlen lassen.
☺ Callaloo (oder Blattgemüse), Mehl und die restlichen Zutaten „außer Öl“ in eine große Schale geben und gut vermengen, Wasser nach und nach dazugeben und zu einem weichen Teig verkneten: Der Teig darf nicht zu fest oder flüssig sein ➠ Öl in einer Pfanne erhitzen, Callaloomasse löffelweise in das heiße Öl geben und von beiden Seiten goldgelb braten, heiß mit Brot oder Reis und Soße (siehe Seite 34 bis 37) servieren.

Akee Curry mit Yam

Zutaten:

250 g Yam, schälen und in Würfel schneiden
1 Dose Akee, Doseninhalt in ein Sieb geben, mit Wasser abspülen und abtropfen lassen
1 große Tomate, hacken
1 rote Zwiebel, schälen und hacken
1 Bund Lauchzwiebeln, Stielansätze abschneiden und hacken
1 Paprikaschote, halbieren, Samen und Stielansatz entfernen und in Würfel schneiden
Prise Chilipulver
1/4 Teelöffel Currypulver
1/2 Teelöffel 4Gewürz (Allspice)
1/4 Teelöffel Kurkumapulver
Salz
Pfeffer
Öl

Vermerk:
① 100 g gesalzener Fisch, kann beim Kochen dazugefügt werden.
② Beim Kochen kann Kokosnussmilch statt Wasser verwendet werden.

So wird es gemacht:

☺ Yam in Salzwasser gar kochen, in ein Sieb geben und warmhalten.
☺ Falls gesalzener Fisch verwendet wird:
Fisch unter fließendem Wasser abspülen, in einen Topf geben, mit Wasser bedecken und ca. 5 Minuten kochen lassen ➟ Fisch aus dem Wasser nehmen und zerkleinern, dabei die Gräten entfernen.
☺ Ein paar Esslöffel Öl in einen Topf geben und erhitzen ➟ Zwiebel, Lauchzwiebeln, Tomaten und Paprikaschoten im hei-

ßen Öl weich dünsten ➡ Akee, 1/4 Tasse Wasser und Gewürze in den Topf geben, umrühren und ca. 5 Minuten köcheln lassen, dann Yam und eventuell gesalzenen Fisch untermengen, Topf zudecken und weitere 5 Minuten köcheln lassen. Falls die Flüssigkeit verdampft ist, ganz wenig Wasser darüber gießen ➡ heiß mit Brot oder Reis und Soße servieren.

✧✧✧✧✧✧✧✧✧✧

Einfaches Akee Curry

Zutaten:

1/2 Dose Akee
1 kleine Tomate, hacken
1 Schalotte, schälen und hacken
2 bis 3 Lauchzwiebeln, Stielansätze abschneiden und hacken
1 Esslöffel Tomatenmark, in 1/2 Tasse warmem Wasser auflösen
1/2 Teelöffel Currypulver
Salz und Pfeffer
Öl

So wird es gemacht:

☺ Etwas Öl in einer tiefen Pfanne erhitzen ➡ Schalotten und Lauchzwiebeln im heißen Öl weich dünsten, Tomaten und Currypulver untermengen und 3 bis 4 Minuten dünsten ➡ Akee und aufgelöstes Tomatenmark in die Pfanne geben und rühren, mit Salz und Pfeffer abschmecken und ca. 5 Minuten köcheln lassen, heiß mit Brot oder Reis servieren.

Gebackene Chocho

Zutaten:

2 bis 3 Chochos (Chayote)
250 g Hackfleisch
1 Teelöffel getrockneter Thymian
2 bis 3 Lauchzwiebeln, Stielansätze abschneiden und hacken
1 kleines Stück Chilischote, fein hacken. Ersatzweise ein paar Tropfen scharfe Chilisoße
1 bis 2 Esslöffel gehackte Petersilie
Geriebener Käse
Salz
Pfeffer
Butter oder Öl

So wird es gemacht:

☺ Chochofrüchte halbieren und die mittleren Kerne mit Hilfe eines scharfen Messers aus dem Fruchtfleisch schneiden, dann mit reichlich Wasser und etwas Salz in einen Topf geben und kochen lassen, bis das Fruchtfleisch gar ist ➟ Chochohälften mit einem Schaumlöffel aus dem Wasser nehmen und abkühlen lassen, dann das Fruchtfleisch mit einem Löffel aus der Schale rauslöffeln, dabei darauf achten dass die Schale nicht beschädigt wird➟ Fruchtfleisch in eine Schale geben ➟ Chochohälften in eine Auflaufform oder ein Backblech legen.

☺ Backofen auf 180°C vorheizen.

☺ Ein paar Esslöffel Butter in einer Pfanne zerlassen, Hackfleisch, Lauchzwiebeln, Chili, Thymian, Salz und Pfeffer in die Pfanne geben und braten, bis das Hack Farbe annimmt und die Flüssigkeit verdampft ist ➟ Petersilie und Cho-

chofruchtfleisch untermengen, abschmecken und die Pfanne vom Herd nehmen.

☺ Die Chochohälften mit Hackfleischmasse füllen, mit geriebenem Käse bestreuen und in den Backofen schieben, wenn der Käse geschmolzen ist und die Oberfläche Farbe annimmt, aus dem Ofen nehmen und heiß servieren.

✧✧✧✧✧✧✧✧✧✧

Brotfrucht grillen oder backen

So wird es gemacht:

① Mit einem kleinen scharfen Messer rundum den Stiel schräge nach innen stechen und drehen, dann den Stiel rausnehmen, die Schale der Unterseite kreuzweise anschneiden ➡ Brotfrucht im vorgeheizten Backofen (200°C) ca. 40 bis 50 Minuten backen, dann aus dem Ofen nehmen, kurz mit kaltem Wasser abspülen, schälen, halbieren dann vierteln und den Kernteil abschneiden.

② Grill mit Holzkohle vorheizen ➡ Brotfrucht wie oben beschrieben vorbereiten, dann mit der Stielseite auf das Grillrost legen und 5 bis 6 Minuten grillen, dann drehen und die Unterseite auch 5 bis 6 Minuten grillen, Brotfrucht der Länge nach auf das Rost legen und rundherum ca. 20 Minuten grillen und öfter drehen.

③ Brotfruchtstiel wie oben beschrieben entfernen, dann halbieren, und in Streifen schneiden, den länglichen Kern abschneiden und die Streifen schälen ➡ die Brotfruchtstreifen auf ein Backblech geben, mit etwas Öl bepinseln, in den vorgeheizten Backofen (180°C) schieben und für ca. 20 Minuten backen.

Gegrillte Brotfrucht kann als Beilage zu verschiedenen Hauptgerichten serviert werden.

Gekochte Brotfrucht in Kokosnussmilch

Einige sehr wenige asiatische oder karibische Lebensmittelläden in Deutschland verkaufen Brotfrucht, ansonsten bekommt man sie in Dosen.

Zutaten:

33

1 kleine Brotfrucht, Fruchtfleisch in Würfel schneiden. Ersatzweise 1 Dose Brotfrucht, Inhalt in ein Sieb geben und abtropfen lassen
1 Dose Kokosnussmilch
3 bis 4 Scheiben Schinken, in Würfel schneiden. Ersatzweise 1 geräucherter Fisch, das Fleisch zerkleinern und Gräten entfernen
1 Zwiebel, schälen und fein hacken
1 bis 2 Knoblauchzehen, schälen und fein hacken
3 bis 4 Lauchzwiebeln, Stielansätze abschneiden und hacken
1 lange milde Peperoni, Stielansatz abschneiden, der Länge nach halbieren, Samen entfernen und in Würfel schneiden. Ersatzweise kleine Paprikaschote
1 Tomate, hacken
1 kleine Chilischote, Stielansatz abschneiden, halbieren, Samen entferne und fein hacken. Ersatzweise Chilipulver, Menge nach Geschmack
Ein paar Thymianstängel
Salz und Pfeffer

Öl

So wird es gemacht:

☺ Schinkenwürfel mit etwas Butter in eine Pfanne geben und knusprig braten ➟ Pfanne vom Herd nehmen und beiseitestellen.

☺ Falls geräucherter Fisch verwendet wird, Fisch auseinander nehmen, Haut, Kopf und Gräten entfernen und das Fleisch grob zerkleinern.

☺ Ein paar Esslöffel Öl in einem Topf oder einer tiefen Pfanne erhitzen ➟ Zwiebel, Knoblauch, Lauchzwiebeln und Chili im heißen Öl weich dünsten, Thymian, Salz und Pfeffer dazugeben und umrühren ➟ Kokosnussmilch darüber gießen, dann Tomaten und Brotfrucht dazugeben, umrühren, kurz zum Kochen bringen, dabei öfter rühren und bei schwacher Hitze ca. 5 Minuten köcheln lassen ➟ gewürfelte Peperoni oder Paprikaschote und Schinken oder Fisch untermengen, abschmecken und weitere 5 bis 8 Minuten köcheln lassen ➟ heiß servieren.

Brotfruchtauflauf

Zutaten:

1 Brotfrucht. Ersatzweise Yam oder Taro
1 Dose Kokosnussmilch. Ersatzweise 1 Tasse Milch
2 bis 3 Esslöffel Mehl
3 bis 4 Esslöffel Butter
1 Zwiebel, fein hacken
1 Bund Lauchzwiebeln, Stielansätze abschneiden und hacken
1 kleine Chilischote, Stielansatz und Kerne entfernen und fein hacken
1 Esslöffel Senf oder 1 bis 2 Teelöffel Senfpulver

1½ bis 2 Tassen geriebener Käse, Sorte nach Belieben
1/4 Teelöffel geriebener Muskat
Salz
Pfeffer

So wird es gemacht:

☺ Mit einem kleinen scharfen Messer rundum den Stiel schräg nach innen stechen und drehen, dann den Stiel rausnehmen ➠ Brotfrucht halbieren, dann vierteln, den harten Kern entfernen, schälen, in einen Topf geben, mit Wasser bedecken, etwas Salz darüber geben und kochen lassen, in ein Sieb geben und abtropfen lassen ➠ die abgekühlten Brotfruchtreifen in dünne Scheiben schneiden.
☺ Backofen auf 180°C vorheizen.
☺ Soße vorbereiten:
Butter in einem Topf zerlassen, Mehl dazugeben, rühren und köcheln lassen, bis die Masse anfängt zu brodeln ➠ Kokosnussmilch darüber gießen, umrühren und köcheln lassen. Falls die Soße sehr dickflüssig wird, etwas Wasser darüber geben ➠ Lauchzwiebeln, Chili, Senf oder Senfpulver, Muskat, Salz und Pfeffer in die Soße geben und ein paar Minuten köcheln lassen, dann den geriebenen Käse in die heiße Soße geben und schmelzen lassen, dabei rühren.
☺ Eine Auflaufform mit Butter bepinseln ➠ etwas Soße in die Form geben und gut verteilen, dann eine Schicht Brotfrucht in die Form geben und mit Soße bedecken, darauf kommt eine Schicht Brotfrucht, dann Soße darüber. Diesen Vorgang weiterführen, bis die Brotfruchtscheiben verbraucht sind. Die letzte Schicht soll Soße sein.
☺ Auflaufform in den Backofen schieben und ca. 30 Minuten backen, bis die Oberfläche goldgelbe Farbe annimmt.

Gefüllte Brotfruchtbällchen

Zutaten:

1 kg Brotfruchtwürfel
250 g Hackfleisch oder Hühnerbrust
2 bis 3 Esslöffel gehackte Petersilie
1 Knoblauchzehe, schälen, mit etwas Salz in einen Mörser geben und zerdrücken
Chilipulver, Menge nach Geschmack
1/4 Teelöffel 4Gewürz (Allspice)
1 Esslöffel Sojasoße
Salz
Pfeffer
Mehl
Öl, zum Braten

So wird es gemacht:

☺ Hackfleisch oder Hühnerbrust, Sojasoße, Knoblauchpaste, Petersilie, 4Gewürz, Salz und Pfeffer in eine Schale geben und gut vermengen ➡ Etwas Öl in einer Pfanne erhitzen, Hackfleisch oder Hühnerbrust mit Marinade in das heiße Öl geben und braten ➡ Pfanne vom Herd nehmen und abkühlen lassen ➡ Hühnerfleisch sehr fein hacken.
☺ Brotfrucht in einen Topf geben, mit Wasser bedecken, etwas Salz dazugeben und kochen lassen, bis die Würfel gar sind, in ein Sieb geben, abtropfen lassen und in eine Schale geben ➡ wenn die Würfel kurz abgekühlt sind, mit einer Gabel fein pürieren.
☺ Ein Handvoll Brotfruchtpüree ins Mehl tauchen, zu Kugeln formen und flachdrücken, 1 bis 2 Esslöffel Füllung in die Mitte geben, zu Kugeln formen und in Mehl wälzen.
☺ Reichlich Öl in einer tiefen Pfanne erhitzen ➡ gefüllte Bällchen im heißen Öl goldgelb braten und heiß mit Soße (siehe Seite 34 bis 37) servieren.

✧✧✧✧✧✧✧✧✧✧

Curry Reis

Zutaten:

1 Tasse Langkornreis, waschen, in ein Sieb geben und abtropfen lassen
1 Teelöffel Currypulver
1/4 Teelöffel Kurkumapulver
Ein paar Thymianstängel. Ersatzweise 1/2 Teelöffel getrockneter Thymian
1 Zwiebel, schälen und fein hacken
1 kleine, ganze Chilischote
Je 1/8 Teelöffel Gewürze in Pulverform:
Zimt, Piment, Ingwer, Kurkuma, Nelken und milde Paprika
1 Knoblauchzehe, schälen und halbieren
Salz
Pfeffer
Öl oder Butter
1/2 Tasse Kokosnussmilch

So wird es gemacht:

☺ Einen Esslöffel Öl in einem Topf erhitzen, Zwiebel dazugeben und glasig dünsten ➡ 1½ Tassen Wasser, 1/2 Tasse Kokosnussmilch 1 Teelöffel Salz und die restlichen Zutaten zur Zwiebel geben, gut verrühren, Topf zudecken und kurz zum Kochen bringen, dann bei schwacher Hitze ca. 15 bis 20 Minuten köcheln lassen, bis der Reis gar und trocken ist ➡ heiß zu Hauptgerichten servieren.

Reis mit Schinken und Erbsen

Zutaten:

1 Tasse Langkornreis, waschen und abtropfen lassen

2 bis 3 Scheiben Schinken, in Würfel schneiden

1 kleine Zwiebel, schälen, halbieren und in Scheiben schneiden

2 bis 3 Lauchzwiebeln, Stielansätze abschneiden und hacken

1 Knoblauchzehe, schälen und mit etwas Salz zerdrücken

3 bis 4 Thymianstängel. Ersatzweise 1 Teelöffel getrockneter Thymian

Ein paar Esslöffel Tomatensaft

2 bis 3 Blätter Weißkohl, harten Stiel abschneiden und die Blätter in feine Streifen schneiden

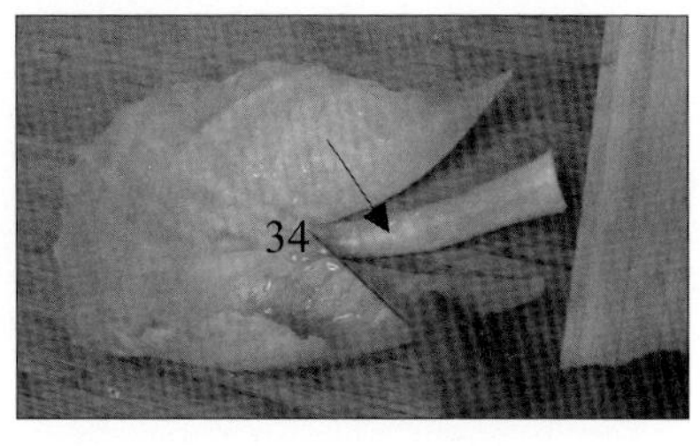

1 Karotte, Stielansatz abschneiden, schälen, der Länge nach halbieren, dann vierteln und in feine dünne Streifen schneiden

1 lange milde Peperoni, Stielansatz abschneiden, der Länge nach halbieren, Samen entfernen und würfeln

1/2 Tasse Kokosnussmilch

Je 1/8 Teelöffel Gewürze in Pulverform:
Chilipulver, Currypulver, Kreuzkümmel, 4Gewürz, milde Paprika und Ingwer

Öl

Salz

Pfeffer

So wird es gemacht:

☺ Schinkenwürfel in einen Topf geben und knusprig braten, aus dem Topf nehmen und beiseitestellen ➠ etwas Öl in den Topf geben, alle Gemüsesorten, Schinken, Gewürze, 1½ Teelöffel Salz und Thymianstängel untermengen und ein paar Minuten dünsten, dann mit Wasser und Kokosnussmilch bedecken und köcheln lassen, bis das Gemüse gar ist ➠ Thymianstängel entfernen ➠ Reis dazugeben, umrühren, Topf zudecken und köcheln lassen, bis der Reis gar und trocken ist.

✧✧✧✧✧✧✧✧✧✧

Gungoerbsen mit Hackfleisch

Zutaten:

2 Tassen Gungoerbsen, waschen, mit Wasser bedecken und ein paar Stunden stehen lassen, dann in ein Sieb geben und abtropfen lassen
250 g Hackfleisch
1 große Tomate, hacken
1 Zwiebel, schälen und hacken
2 bis 3 Knoblauchzehen, schälen und fein hacken
Ein paar Thymianstängel, ersatzweise 1 Teelöffel getrockneter Thymian
2 bis 3 Lauchzwiebeln, Stielansätze abscheiden und hacken
1 kleine Chilischote, Stielansatz und Samen entfernen und hacken
1/2 Teelöffel Currypulver
1/2 Teelöffel Kurkumapulver
1/8 Teelöffel Ingwerpulver
Salz und Pfeffer
Öl
1 Tasse Mehl, zur Herstellung von Teigbällchen oder Teigfäden

So wird es gemacht:

☺ Erbsen in einen Topf geben, mit Wasser bedecken und kochen lassen, bis die Erbsen gar sind, in ein Sieb geben und abtropfen lassen.

☺ Mehl in eine Schale sieben, etwas Salz dazugeben, nach und nach Wasser dazugeben und zu einem Teig verkneten ➟ den Teig in kleine Stücke schneiden und zwischen den Handflächen zu kleinen Bällchen oder dünnen Teigfäden formen, in Mehl wälzen und beiseitestellen.

☺ Etwas Öl in einer tiefen Pfanne oder einem Topf erhitzen ➟ Zwiebel und Lauchzwiebeln im heißen Öl weich dünsten. Knoblauch untermengen und kurz dünsten, dann Hackfleisch in die Pfanne geben und kurz braten, Kurkuma, Currypulver, Tomaten, Thymian, Chili, Salz und Pfeffer dazugeben und weiter braten, bis das Hack goldbraune Farbe annimmt ➟ gekochte Erbsen untermengen, dann 1 bis 1½ Tassen kochendes Wasser darüber geben, umrühren und kochen lassen ➟ Teigbällchen oder Teigfäden dazugeben, umrühren und köcheln lassen, bis ein Teil der Flüssigkeit verdampft ist und die Teigbällchen oder Teigfäden gar sind ➟ Thymianstängel entfernen und heiß mit Reis, gebratenen Kochbananen, Avocadoscheiben und Soße servieren.

Gedünstetes Gemüse

Zutaten:

2 lange milde Peperoni, ersatzweise 1 Paprikaschote, Stielansätze abschneiden, der Länge nach halbieren, Samen entfernen und in Würfel oder dünne Streifen schneiden
2 bis 3 Karotten, Stielansätze abschneiden, schälen, der Länge hach halbieren und in dünne Streifen schneiden
10 oder mehr Weißkohlblätter, in dünne Streifen schneiden
Handvoll frische Spinatblätter
Handvoll Zuckererbsen, in Streifen schneiden
1 rote Zwiebel, schälen und hacken
2 bis 3 Lauchzwiebeln, Stielansätze abschneiden und hacken
Ein paar Thymianstängel, ersatzweise 1 Teelöffel getrockneter Thymian
1 kleines Stück Chilischote
1 Tomate, hacken
2 Knoblauchzehen, schälen und fein hacken
1/4 Teelöffel Ingwerpulver
1 Teelöffel getrockneter Koriander
Ein paar Esslöffel gehackte Petersilie
Salz und Pfeffer
Butter oder Öl

So wird es gemacht:

☺ 1 bis 2 Esslöffel Butter in einer tiefen Pfanne zerlassen ➟ Zwiebel, Tomaten, Knoblauch, Lauchzwiebeln, Thymian und Gewürze in die Pfanne geben und ca. 1 Minute dünsten, dann die restlichen Zutaten, außer Spinat und Petersilie, in die Pfanne geben, gut vermengen und ein paar Minuten dünsten, bis das Gemüse gar ist ➟ Spinat und Petersilie untermengen und kurz dünsten, abschmecken und heiß servieren.

✧✧✧✧✧✧✧✧✧✧

Fleisch mit Okra - Variante 1

Zutaten:

500 g frische Okraschoten oder getrocknete Okra, über Nacht in Wasser einweichen
1 kg Schmorbraten vom Lamm oder Rind, in Würfel schneiden, waschen und abtropfen lassen
2 Zwiebeln, schälen und hacken
250 bis 300 g Tomaten, in Scheiben schneiden
4 Knoblauchzehen, schälen
50 g Butter oder Öl
Saft einer Zitrone
3 Esslöffel Tomatenmark
1 Esslöffel getrockneter Koriander
Salz und Pfeffer
Paprikapulver

So wird es gemacht:

☺ Frische Okraschoten waschen und Ansätze kegelförmig abschneiden ➡ Zwiebeln und Knoblauchzehen in einem Topf mit heißem Öl oder Butter dünsten, bis sie Farbe annehmen ➡ Fleischstücke dazugeben und von allen Seiten braten, bis sie braun werden ➡ Okra dazugeben und unter Rühren einige Minuten braten ➡ Tomaten dazugeben und einige Minuten mitbraten ➡ Tomatenmark mit Wasser verdünnen und zum Fleisch und den Okraschoten geben ➡ salzen, pfeffern und zum Kochen bringen, dann auf kleiner Flamme ca. 1½ Stunden köcheln lassen, bis das Fleisch und das Gemüse sehr gar sind und die Soße weniger wird ➡ nach Belieben Zitronensaft, Paprikapulver und Koriander dazugeben ➡ heiß mit Reis und Salat servieren.

Variante 2

Zutaten:

500 g Fleisch, in Würfel schneiden, waschen und abtropfen lassen
250 g frische Okraschoten, Stielansätze kegelförmig abschneiden. Ersatzweise getrocknete Okraschoten, über Nacht in Wasser einweichen
2 große Kartoffeln, schälen und würfeln
2 Karotten, Stielansätze abschneiden, schälen und in Scheiben schneiden
1 Paprikaschote, Stielansatz und Kerne entfernen und würfeln
1 Tomate, in Würfel schneiden
2 Knoblauchzehen, schälen und fein hacken
1 große Zwiebel, schälen, halbieren und in Scheiben schneiden
1 kleine Chilischote, Stiel und Kerne entfernen und fein hacken. Ersatzweise Chilipulver oder ein paar Tropfen Chilisoße, Menge nach Geschmack
1/4 Teelöffel Kreuzkümmel
1/2 Teelöffel Currypulver
1 Esslöffel Braune Soße (Jamaikanische Soße), ersatzweise 2 Esslöffel brauner Zucker
Salz und Pfeffer
Butter oder Öl

So wird es gemacht:

☺ Fleischwürfel, Zwiebel, Piment, Sojasoße, Chili, Kreuzkümmel, Knoblauch, Salz und Pfeffer in eine Schale geben, gut vermengen und ca. 30 Minuten stehen lassen.
☺ Braunen Zucker in einen Topf geben und schmelzen lassen, bis der Zucker dunkle Farbe annimmt ➟ Fleischwürfel mit Marinade in den Topf geben, gut vermengen und dünsten,

bis die Würfel eine goldgelbe Farbe annehmen ➡ 1 Tasse heißes Wasser darüber gießen, Topf zudecken und ca. 10 bis 15 Minuten köcheln lassen ➡ Okraschoten, Kartoffeln, Paprikaschote, Tomaten und Karotten zum Fleisch geben, Topf zudecken und köcheln lassen, bis alles im Topf gar ist. Falls die Soße fast verdampft ist, heißes Wasser darüber geben und gut vermengen ➡ mit Salz und Pfeffer abschmecken und heiß mit Reis servieren.

✧✧✧✧✧✧✧✧✧✧✧

Gegrilltes Fleisch, eingelegt in Jerked Marinade

Jerked Marinade kann auch für Geflügel und Fisch verwendet werden.

Zutaten:

1 bis 1½ kg Fleisch: Rippen, ganzes Stück oder aus der Schulter

Zutaten für die Marinade:

1 kleine Zwiebel, schälen und grob hacken
1 Knoblauchzehe, schälen und vierteln
2 bis 3 Lauchzwiebeln, Stielansätze abschneiden
2 bis 3 Esslöffel brauner Zucker
3/4 bis 1 Tasse Sojasoße
1 Teelöffel getrockneter Thymian
Je 1/4 Teelöffel:
Zimt, Ingwerpulver, Pimentpulver und 4Gewürz
1 kleines Stück Chilischote
Etwas Öl
Zitronen- oder Limettensaft
Salz
Pfeffer

So wird es gemacht:

☺ Alle Zutaten in eine Küchenmaschine geben, fein pürieren.
☺ Fleisch in eine Schale geben, Marinade darüber geben, Schale zudecken und über Nacht stehen lassen. Zwischendurch das Fleisch in der Marinade wenden.
☺ Grill mit Holzkohle füllen und zum Grillen vorheizen ➡ Mariniertes Fleisch auf den Grillrost legen und von beiden Seiten grillen, zwischendurch mit Marinade bepinseln.

Vermerk:
Wer nicht grillen möchte, kann das Fleisch mit Marinade in eine Auflaufform geben und im vorgeheizten Backofen (180°C) backen, bis das Fleisch gar ist und eine goldgelbe Farbe angenommen hat.

Fleisch Curry mit Tamarinde

Zutaten:

500 g mageres Fleisch, in Würfel schneiden (ca. 2 bis 3 cm), waschen und abtropfen lassen
1 Zwiebel, in Scheiben schneiden
2 Knoblauchzehen, fein hacken
50 bis 60 g Butter
3 Chilischoten, Stielansätze abschneiden, der Länge nach halbieren, Samen entfernen und fein hacken
ca. 3 cm Tamarinde, in 2 bis 3 Esslöffel Wasser einweichen
1/2 Teelöffel Piment
1/2 Teelöffel Currypulver
1 Teelöffel Ingwerpulver
1 Teelöffel Kurkumapulver
Salz

So wird es gemacht:

☺ Butter in einem Topf zerlassen ➟ Zwiebel und Knoblauch dazugeben und glasig dünsten ➟ auf kleine Flamme stellen ➟ Chili und Gewürze dazugeben, umrühren und ca. 5 Minuten dünsten ➟ Fleischstücke und 1 Teelöffel Salz dazugeben ➟ umrühren ➟ Topf zudecken und 6 bis 7 Minuten braten. Zwischendurch umrühren, damit nichts anbrennt ➟ 1/2 Tasse heißes Wasser darüber geben und solange kochen, bis das Fleisch gar ist.

☺ Tamarinde aus dem Wasser nehmen und auspressen ➟ Tamarindewasser über das Fleisch geben und einige Minuten weiterkochen, bis eine dicke Soße entsteht ➟ heiß mit Reis servieren.

✧✧✧✧✧✧✧✧✧✧✧

Fleisch mit Kokosnussmilch

Zutaten:

500 g Fleisch, in Würfel schneiden, waschen und abtropfen lassen
1 Dose Kokosnussmilch
1 Zwiebel, schälen, halbieren und in Scheiben schneiden
2 bis 3 Knoblauchzehen, schälen und fein hacken
1 Tasse frische oder tiefgefrorene Erbsen
1 Karotte, Stielansatz abschneiden, schälen und in Scheiben schneiden
1 bis 2 lange milde Peperoni, Stielansätze abschneiden, der Länge nach halbieren, Samen entfernen und würfeln
1/4 Teelöffel Kreuzkümmelpulver
2 bis 3 Thymianstängel, ersatzweise 1 Teelöffel getrockneter Thymian
1/2 Teelöffel Currypulver

Salz
Pfeffer
2 Esslöffel brauner Zucker

So wird es gemacht:

☺ Fleisch, Zwiebel, Knoblauch, Kreuzkümmel, Thymian, Currypulver, Salz und Pfeffer in eine Schale geben, gut vermengen und ca. 1 Stunde stehen lassen.

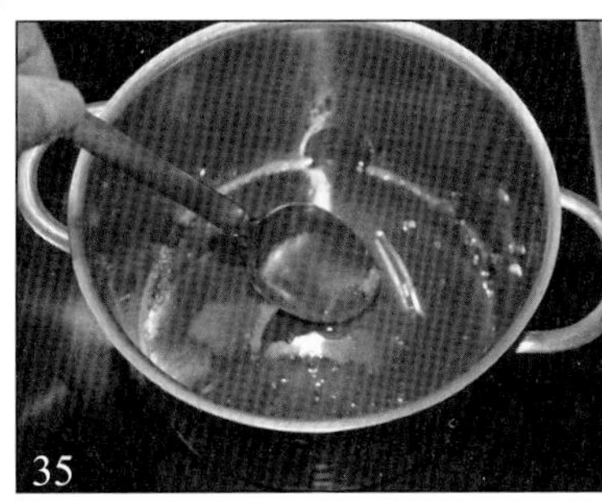

☺ Braunen Zucker in einen Topf geben und bei mittlerer Hitze schmelzen lassen → eingelegte Fleischwürfel mit Marinade zum Zucker geben, gut vermengen, Topf zudecken und ca. 5 Minuten köcheln lassen, Topfdeckel entfernen und köcheln lassen, bis die Flüssigkeit verdampft ist → Kokosnussmilch darüber geben, gut verrühren, Topf zudecken und köcheln lassen, bis das Fleisch gar ist und ein Teil der Flüssigkeit verdampft ist → Erbsen und Karotten untermengen und ein paar Minuten kochen lassen, bis das Gemüse gar ist → abschmecken und heiß mit Reis oder Brot servieren.

Kuttel mit breiten Bohnen

Zutaten:

500 g Kuttel, gründlich unter fließendem Wasser waschen, in kleine Würfel schneiden, in eine Schale geben, mit Wasser bedecken, ein paar Esslöffel Essig darüber geben und ca. 1 Stunde stehen lassen, dann in ein Sieb geben
1 kg breite Bohnen, ersatzweise 1 große Dose gekochte breite Bohnen, in ein Sieb geben und abtropfen lassen
2 bis 3 Tomaten, hacken
1 große Zwiebel, schälen und hacken
2 bis 3 Knoblauchzehen, schälen und hacken oder mit etwas Salz zerdrücken
Ein paar Lauchzwiebeln, Stielansätze abschneiden und hacken
1 kleine Chilischote, Stielansatz abschneiden, der Länge nach halbieren, Samen entfernen und fein hacken
1 bis 2 Esslöffel Sojasoße
1/2 Teelöffel Currypulver
1 Teelöffel getrockneter Thymian
1/8 Teelöffel 4Gewürz, ersatzweise Pimentpulver
Salz und Pfeffer
Öl

So wird es gemacht:

☺ Kuttelwürfel in einen Topf geben, mit Wasser bedecken, etwas Salz dazugeben und kochen lassen, bis sie gar sind und viel Flüssigkeit verdampft ist ➟ Topf vom Herd nehmen und beiseitestellen.

☺ Falls frische breite Bohnen verwendet werden, Bohnen aus der Schale lösen ➟ ein paar Esslöffel Öl in einem Topf oder einer tiefen Pfanne erhitzen, Zwiebel dazugeben und glasig dünsten, Knoblauch untermengen und kurz dünsten, dann Lauchzwiebeln und Tomaten untermengen, Etwas Wasser darüber geben und köcheln lassen, bis die Bohnen gar sind und viel Flüssigkeit verdampft ist ➟ Gewürze und Chili untermengen ➟ Bohnenmasse zu den Kuttelwürfeln geben, abschmecken und ca. 10 Minuten Köcheln lassen, bis die Soße dickflüssig wird ➟ heiß mit Reis und Soßen servieren.

Vermerk:
Falls Bohnen aus der Dose verwendet werden, etwas Öl in einer Pfanne erhitzen, alle Zutaten außer Kuttel und Bohnen ein paar Minuten im heißen Öl dünsten, Bohnen dazugeben und ca. 5 Minuten dünsten, dann das ganze zu den Kuttelwürfeln geben und ca. 10 Minuten köcheln lassen.

Schmorbraten

Zutaten:

1 kg Rindfleisch, waschen und abtropfen lassen
250 g Tomaten, Haut anritzen, mit kochendem Wasser überbrühen, Haut abziehen und hacken (siehe auch Seite 41)
1 Esslöffel Tomatenmark
2 bis 3 Tomaten, in Scheiben schneiden
1 große Zwiebel, schälen und in Scheiben schneiden
2 bis 3 Lauchzwiebeln, Stielansätze abschneiden und hacken
2 Knoblauchzehen, schälen und fein hacken
1 kleine Chilischote, Stielansatz und Samen entfernen und hacken. Ersatzweise Chilipulver, Menge nach Geschmack
Salz und Pfeffer
Je 1 Teelöffel Thymian und mildes Paprikapulver
Öl

So wird es gemacht:

☺ Fleisch in einen Topf geben und mit Wasser bedecken ➟ einige Zwiebelscheiben, Lauchzwiebeln, Knoblauch, Salz, Pfeffer, Thymian und Chili dazugeben und gar kochen ➟ Fleisch aus dem Topf nehmen, in ein Sieb geben und abtropfen lassen.

☺ Öl in einer Pfanne erhitzen ➟ Fleisch dazugeben und rundherum knusprig braten ➟ aus der Pfanne nehmen und beiseitestellen.

☺ Öl in einem Topf erhitzen ➟ die restlichen Zwiebelscheiben dazugeben und glasig dünsten ➟ Tomatenscheiben untermengen und weich dünsten ➟ alle anderen Zutaten (außer Fleisch) dazugeben und gut vermengen ➟ abschmecken und bei schwacher Hitze ca. 20 Minuten köcheln lassen. Evtl. etwas Wasser dazugeben ➡ Fleisch in den Topf geben und 10 bis 15 Minuten köcheln lassen ➡ heiß mit Reis servieren.

Geröstetes Fleisch in Soße

Zutaten:

500 g Rind- oder Kalbfleisch, in dünne Scheiben schneiden, waschen und abtropfen lassen
1 Zwiebel, schälen und hacken
2 Tomaten, Haut anritzen, mit kochendem Wasser überbrühen, Haut abziehen und hacken (siehe auch Seite 41 und 42)
1 Knoblauchzehe, schälen und fein hacken
1 Esslöffel gehackte Petersilie
1 lange milde Peperoni, Stielansatz abschneiden, der Länge nach halbieren, Samen entfernen und hacken
2 Esslöffel Mehl
1/2 Teelöffel (oder weniger) Chilisoße
Salz
Pfeffer
Öl

So wird es gemacht:

☺ Öl in einem Topf erhitzen ➡ Fleischstücke dazugeben und knusprig braten ➡ aus dem Öl nehmen und beiseitestellen ➡ Mehl zum heißen Öl geben und gut vermengen ➡ Zwiebeln und Tomaten dazugeben, gut vermengen und einige Minuten dünsten ➡ Wasser, Chilisoße, Knoblauch, Fleisch, Petersilie und Peperoni dazugeben und umrühren, dann bei schwacher Hitze köcheln lassen, bis die Fleischstücke sehr weich sind und eine dicke Soße entstanden ist. Evtl. Wasser dazugeben ➡ heiß mit Reis und Salat servieren.

Bohnen mit Ochsenschwanz

Zutaten:

1 kg Ochsenschwanz, in Stücke schneiden, waschen und abtropfen lassen. Ersatzweise Fleisch mit Knochen
250 g gekochte breite Bohnen
1 kleine Chilischote, ganz lassen
2 Knoblauchzehen, schälen und hacken oder mit etwas Salz zerdrücken
2 bis 3 Tomaten, hacken
1 Bund Lauchzwiebeln, Stielansätze abschneiden und hacken
1 große rote Zwiebel, schälen und hacken
3 bis 4 Thymianstängel, ersatzweise 2 Teelöffel getrockneter Thymian
1/8 Teelöffel Ingwerpulver
1 Teelöffel mildes Paprikapulver
Salz und Pfeffer
Öl

So wird es gemacht:

☺ Ochsenschwanz (oder Fleisch) und Chili in einen Topf geben, 3 bis 4 Tassen Wasser darüber geben, Topf zudecken und kurz zum Kochen bringen, dann bei schwacher Hitze köcheln lassen, bis das Fleisch gar ist und viel Flüssigkeit verdampft ist ➟ Chili aus dem Topf entfernen ➟ die restlichen Zutaten, außer Bohnen, zum Ochsenschwanz geben, umrühren und ca. 5 Minuten köcheln lassen, dann die Bohnen dazugeben, abschmecken, Topf zudecken und ca. 10 Minuten köcheln lassen. Falls die Flüssigkeit verdampft ist, etwas heißes Wasser darüber gießen. Die Soße soll dickflüssig sein ➟ heiß mit Reis, Soßen und Salat servieren.

Geflügelgerichte

Escovitch

Gemüse und Gewürzmischung für gebratenes Geflügel und Fisch. Kann auch als Soße hergestellt werden.

Zutaten:

2 rote und grüne lange milde Peperoni, Stielansätze abschneiden, der Länge hach halbieren, Samen entfernen und in ca. 2 cm Würfel schneiden
1 große Karotte, Stielansatz abschneiden, schälen, der Länge nach halbieren, dann vierteln und in dünne Streifen schneiden
1 Zwiebel, schälen, halbieren und in dünne Scheiben schneiden
1 Tomate, hacken
1 kleines Stück Chili, hacken
2 bis 3 Lauchzwiebeln, Stielansätze abschneiden und hacken
1 bis 2 Knoblauchzehen, schälen und fein hacken
2 Esslöffel gehackte Petersilie
Essig oder Zitronensaft
1/4 Teelöffel Pimentpulver
1/2 Teelöffel mildes Paprikapulver
Salz
Pfeffer
Öl

So wird es gemacht:

☺ Zwiebel, Karotten und Peperoni in heißem Öl kurz dünsten, dann die restlichen Zutaten dazugeben, gut vermengen und ein paar Minuten weich dünsten, dann über gebratenes Hähnchen oder Fisch geben und heiß servieren.

Vermerk:

Die Zutaten als Soße herstellen:

Zwiebel fein hacken
Peperoni in kleine Würfel schneiden
Karotten in kleine Würfel schneiden
1 bis 2 Esslöffel Tomatenmark, in 1 Tasse warmem Wasser auflösen

Ein paar Esslöffel Öl in einer Pfanne erhitzen, Zwiebel dazugeben und glasig dünsten, dann die restlichen Zutaten untermengen und ein paar Minuten dünsten, aufgelöstes Tomatenmark darüber gießen und kurz zum Kochen bringen, dann bei schwacher Hitze köcheln lassen, bis die Masse dickflüssig wird ➞ heiß über gebratenes Hähnchen geben und servieren.

✻✻✻✻✻✻✻✻✻✻✻

Hähnchencurry

Zutaten:

1 Hähnchen, in Teile zerlegen, waschen, abtropfen lassen und mit Salz bestreuen
Ein paar Esslöffel Joghurt
1/2 Tasse Kokosnussmilch
1 Zwiebel, fein hacken
1 Knoblauchzehe, fein hacken oder zerdrücken
2 Tomaten, Haut anritzen, mit kochendem Wasser überbrühen, Haut abziehen, der Länge nach halbieren, Samen entfernen und hacken
1,5 cm Ingwerwurzel, schälen und hacken oder

1/2 Teelöffel Ingwerpulver
50 g Butter oder 1/8 Liter Öl
1 Teelöffel Currypulver
1/4 Teelöffel Pimentpulver
1/2 Teelöffel Kreuzkümmelpulver
1/2 Teelöffel Kurkumapulver
1/2 Teelöffel Currypulver
2 Esslöffel gehackte Petersilie
1 kleine Chilischote
Salz
Pfeffer

So wird es gemacht:

☺ Butter oder Öl in einem Topf erhitzen ➟ Hähnchenteile dazugeben und kurz anbraten ➟ aus dem Topf nehmen und beiseitestellen.
☺ Zwiebel, Knoblauch und Ingwer dünsten, bis die Zwiebel Farbe annimmt ➟ Kurkuma, Currypulver, Piment, und Kümmel dazugeben und umrühren ➟ Tomaten und Petersilie dazugeben und unter ständigem Rühren 2 bis 3 Minuten dünsten ➟ Chilischote, Kokosnussmilch, Joghurt und ca. 1 Tasse Wasser darüber geben ➟ umrühren und Hähnchenteile dazugeben ➟ kurz zum Kochen bringen, Topf zudecken und bei schwacher Hitze ca. 30 Minuten köcheln lassen, bis das Hähnchen gar und die Soße dickflüssig ist ➟ Hähnchenteile auf einen Servierteller geben, Soße darüber gießen und heiß mit Reis oder Fladenbrot servieren.

✻✻✻✻✻✻✻✻✻✻✻

Gegrilltes Hähnchen, eingelegt in Jerked Marinade

Zutaten:

1 Hähnchen, zerlegen, waschen und abtropfen lassen

Zutaten für die Marinade:

1 kleine Zwiebel, schälen und grob hacken
1 Knoblauchzehe, schälen und vierteln
2 bis 3 Lauchzwiebeln, Stielansätze abschneiden
2 bis 3 Esslöffel brauner Zucker
3/4 bis 1 Tasse Sojasoße
1 Teelöffel getrockneter Thymian
Je 1/4 Teelöffel:
Zimt, Ingwerpulver, Pimentpulver und 4Gewürz
1 kleines Stück Chilischote
Etwas Öl
1/4 Tasse Essig oder Zitronensaft und Essig
Salz und Pfeffer

So wird es gemacht:

☺ Alle Zutaten in eine Küchenmaschine geben, fein pürieren.
☺ Hähnchenteile in eine Schale geben, Marinade darüber geben, Schale zudecken und über Nacht stehen lassen. Zwischendurch die Hähnchenteile in der Marinade wenden.
☺ Grill mit Holzkohle füllen und zum Grillen vorheizen ➟ Marinierte Hähnchenteile auf den Grillrost legen und von beiden Seiten grillen, zwischendurch mit Marinade bepinseln.

<u>Vermerk:</u>
Wer nicht grillen möchte, kann die Hähnchenteile mit Marinade in eine Auflaufform geben und im vorgeheizten Backofen (180°C) backen, bis das

Fleisch gar ist und eine goldgelbe Farbe annimmt.

****

Hähnchen in Kokosnussmilch

Zutaten:

6 bis 8 Hähnchenteile, waschen und abtropfen lassen
Ca. 2 Tassen Kokosnussmilch (siehe Seite 10)
250 g Kartoffeln, schälen, waschen und in Würfel schneiden
1 große Zwiebel, schälen und hacken
4 bis 5Tomaten, Haut anritzen, mit kochendem Wasser überbrühen, Haut abziehen und hacken
2 Esslöffel gehackte Petersilie
Ein paar Stängel frischer Thymian
2 Teelöffel Malz- oder Weinessig
1 Esslöffel brauner Zucker
1/4 Teelöffel Chilipulver
je 1/8 Teelöffel Nelkenpulver und Zimt
2 bis 3 Esslöffel Öl, zum Braten
Salz
Pfeffer

So wird es gemacht:

☺ Nelkenpulver, Chilipulver und Zimt miteinander vermischen ➟ Hähnchenteile mit der Gewürzmischung einreiben und ca. 2 bis 3 Stunden ziehen lassen.

☺ Öl und Zucker in einen Topf geben und langsam erhitzen, dabei umrühren, damit der Zucker sich auflösen kann ➟ Hähnchenteile in dem Öl braten ➟ aus dem Topf nehmen und beiseitestellen ➟ die Kartoffeln im selben Topf braten. Eventuell Öl dazugeben ➟ Tomaten, Zwiebeln, Petersilie und Thymian dazugeben und bei schwacher Hitze 5 Minuten braten ➟ Kokosnussmilch dazugeben und umrühren ➟ Hähnchenteile und Essig dazugeben, mit Salz und Pfeffer abschmecken, Topf zudecken und ca. 20 Minuten köcheln lassen, bis das Fleisch gar ist. Eventuell Wasser dazugeben.

****

Hähnchen mit Reis

Zutaten:

2 bis 3 Hähnchenbrüste, Haut entfernen, in Würfel schneiden und waschen
1 Tasse Langkornreis, waschen und abtropfen lassen
1/2 Tasse frische Erbsen oder aus der Dose
1 Karotte, Stielansatz abschneiden, schälen und in kleine Würfel schneiden
1 lange milde Peperoni, Stielansatz abschneiden, der Länge nach halbieren, Samen entfernen und in kleine Würfel schneiden
2 Esslöffel getrocknete Kräuter, Dill, Thymian, Petersilie
1 Zwiebel, schälen und hacken
2 bis 3 Lauchzwiebeln, Stielansätze abschneiden und hacken
1 kleine Chilischote, ganz
1 Tomaten, hacken
Salz
Pfeffer
Öl oder Butter

So wird es gemacht:

☺ Hähnchenwürfel, Chili, Tomaten, Zwiebel, Lauchzwiebeln, Kräuter, Salz und Pfeffer in eine Schale geben und gut vermengen ➡ Schale zudecken und ein paar Stunden ziehen lassen.

☺ Ein paar Esslöffel Butter in einem Topf zerlassen ➡ Karotten, Erbsen und Peperoni zur Butter geben und ein paar Minuten dünsten, dann Hähnchenwürfel mit Marinade dazugeben, gut vermengen und braten, bis das Fleisch Farbe annimmt ➡ ca. 2 Tassen Wasser darüber gießen, umrühren und köcheln lassen, bis die Fleischstücke gar sind ➡ Chilischote aus dem Topf entfernen, Reis und ca. 1/2 Teelöffel Salz zum Fleisch geben und gut vermengen ➡ Topf zudecken und ganz kurz zum Kochen bringen, dann bei schwacher Hitze ca. 15 bis 20 Minuten köcheln lassen, bis der Reis gar und trocken ist ➡ heiß mit Salat oder Soße servieren.

****

Geröstetes Hähnchen

Zutaten:

1 Hähnchen, mit der Messerspitze tief in Brust und Keulen einschneiden, waschen und abtropfen lassen
1 Zwiebel, schälen und grob hacken
3 Knoblauchzehen, schälen
1 Tasse Joghurt
1 Esslöffel Sojasoße
1 Teelöffel Currypulver
1 Teelöffel Kurkumapulver
je 1/2 Teelöffel Ingwerpulver
1/2 Teelöffel Kreuzkümmel
1/8 Teelöffel Chilipulver
1/8 Teelöffel Pimentpulver oder ein paar Pimentkörner
Saft einer Zitrone
Salz
1 Esslöffel Butter

So wird es gemacht:

☺ Zwiebel und Knoblauch mit etwas Salz in einem Mörser oder Mixaufsatz einer Elektroküchenmaschine zu einer glatten Paste verarbeiten ➟ Ingwerpulver, Currypulver, Kurkuma, Chilipulver, Piment, Kümmel und Salz zur Zwiebelpaste geben und verrühren ➟ Joghurt, Sojasoße und Zitronensaft dazugeben und verrühren ➟ Hähnchen damit von innen und an den Einschnitten einreiben ➟ Hähnchen in einen Topf geben, zudecken und über Nacht ziehen lassen.

☺ Backofen auf 200°C vorheizen.

☺ Hähnchenkeulen und Flügel festbinden ➟ auf einen Herdrost mit Fettauffangblech legen und in die Ofenmitte schieben ➟ Nach 20 Minuten die Hitze reduzieren (ca. 150°C) und langsam garen ➟ ab und zu mit Butterfett (Ghee) oder Butter bestreichen ➟ auf einen Servierteller geben, mit Zitronenscheiben, Zwiebelringen und Petersilie garnieren und heiß mit Reis, gebratenen Kochbananen, Avocadoscheiben und/oder Salat servieren.

✻✻✻✻✻✻✻✻✻✻

Geflügeltopf

Zutaten:

1 Hähnchen, in Teile zerlegen, waschen und abtropfen lassen
2 Schalotten, schälen und in Scheiben schneiden
1 bis 2 Knoblauchzehen, schälen und fein hacken
1 Chilischote, ganz
2 bis 3 Tomaten, hacken
Ein paar Stängel frischer Thymian, ersatzweise 1 Teelöffel getrockneter Thymian
Saft einer Limette
1 bis 2 Esslöffel Tomatenmark, in 2 Tassen warmem Wasser auflösen
Salz
Pfeffer
Öl

So wird es gemacht:

☺ Hähnchenteile mit Limettensaft einreiben und in eine Schale geben ➟ Salz, Pfeffer, Tomaten, Schalotten, Chili, Knoblauch und Thymian zu den Hähnchenteilen geben und gut vermengen, Schale zudecken und 1 bis 2 Stunden ziehen lassen.

☺ Ein paar Esslöffel Öl in einen Topf geben und erhitzen, Hähnchenteile im heißen Öl goldbraun braten, aus dem Topf nehmen und beiseitestellen ➟ aufgelöstes Tomatenmark und die Marinade in den Topf geben und zum Kochen bringen ➟ gebratene Hähnchenteile in die Flüssigkeit geben und kurz zum Kochen bringen, Thymianstängel und Chilischote entfernen, Topf zudecken und köcheln lassen, bis das Fleisch gar ist und die Soße dicker wird ➟ heiß mit Reis, Avocadoscheiben und Soße servieren.

Fischgerichte

Fisch mit Kokosnussmilch

Zutaten:

1/2 kg Fisch, in Stücke schneiden, waschen und abtropfen lassen
1 Tasse Kokosnussmilch
2 Zwiebeln, hacken
1 Pfefferschote, Stielansatz entfernen, der Länge nach halbieren, Samen entfernen und hacken oder
1/2 grüne Paprikaschote, hacken
2 bis 3 Lauchzwiebeln, Stielansätze abschneiden und hacken
Salz
Zitronensaft
Öl

So wird es gemacht:

☺ Ein paar Esslöffel Öl in einer Pfanne erhitzen und die Fischstücke darin anbraten ➡ Pfanne vom Herd nehmen und beiseitestellen.

☺ Ein paar Esslöffel Öl in einem Topf erhitzen ➡ gehackte Zwiebeln und Pfefferschote, Lauchzwiebeln und Paprikaschote dazugeben und glasig dünsten ➡ Kokosnussmilch darüber geben und umrühren ➡ die angebratenen Fischstücke dazugeben ➡ salzen ➡ Topf zudecken und bei schwacher Hitze köcheln lassen, bis die Fischstücke gar sind ➡ vom Herd nehmen ➡ in eine Servierschüssel geben und mit Zitronensaft beträufeln ➡ heiß servieren.

✪✪✪✪✪✪✪✪✪✪✪

Fisch Curry

Zutaten:

4 Fischfilets
1 Zwiebel, schälen und in Scheiben schneiden
2 Knoblauchzehen, in feine Scheiben schneiden
2 Tomaten, der Länge nach halbieren, Samen entfernen und hacken
2 bis 3 Esslöffel gehackte Petersilie
Saft einer Zitrone
je 1 Teelöffel:
Korianderpulver, Kurkumapulver, Paprikapulver und Kreuzkümmel
je 1/2 Teelöffel:
Currypulver, Ingwerpulver und Chilipulver
Salz
Pfeffer
Butter oder Öl

So wird es gemacht:

☺ Fischfilets waschen und abtropfen lassen ➟ von beiden Seiten salzen ➟ in Butter oder Öl braten ➟ aus der Pfanne nehmen und warmhalten.
☺ Gewürze mit etwas Zitronensaft zu einer Paste verarbeiten.
☺ In derselben Pfanne, in der die Fischfilets gebraten wurden Zwiebel glasig dünsten, dann Knoblauch dazugeben und goldbraun dünsten ➟ Tomaten dazugeben und dünsten, bis die meiste Flüssigkeit verdampft ist ➟ Gewürzpaste dazugeben und verrühren ➟ die angebratenen Fischfilets dazugeben und darin wälzen ➟ Pfanne zudecken und bei schwacher Hitze ca. 10 Minuten garen. Zwischendurch nachprüfen, ob die Soße nicht zu stark verdampft. Falls nötig, etwas Wasser oder Kokosnussmilch dazugeben ➟ Pfanneninhalt auf einem Servierteller anrichten und mit Petersilie garnieren ➟ heiß servieren.

Gesalzener Fisch mit Reis

Zutaten:

100 bis 150 g gesalzener Fisch, ca. 30 Minuten in Wasser einlegen, Haut abziehen, in ein Sieb geben und mit kaltem Wasser abspülen, Fisch oder Fische der Länge nach halbieren, die Gräten entfernen und das Fleisch in kleine Stücke schneiden
1 Tasse Langkornreis, waschen und abtropfen lassen
1 kleines Stück Chilischote, fein hacken
2 bis 3 Lauchzwiebeln, Stielansätze abschneiden und hacken
1 Zwiebel oder Schalotte, schälen und hacken
1 bis 2 Knoblauchzehen, schälen und fein hacken oder mit etwas Salz zerdrücken
2 Tomaten, hacken
Öl

So wird es gemacht:

☺ Ein paar Esslöffel Öl in einem Topf erhitzen und die Zwiebel darin glasig dünsten ➟ Tomaten, Knoblauch und Chili zur Zwiebel geben und ein paar Minuten dünsten ➟ Fischstücke in den Topf geben, gut vermengen und köcheln lassen, bis die meiste Flüssigkeit verdampft ist, dann Reis untermengen, ca. 2 Tassen Wasser darüber geben, umrühren, Topf zudecken und kurz zum Kochen bringen, dann bei schwacher Hitze 15 bis 20 Minuten köcheln lassen, bis der Reis gar und trocken ist.

✪✪✪✪✪✪✪✪✪✪✪

Gesalzener Fisch

Zutaten:

250 g gesalzener Fisch, ca. 30 Minuten in Wasser einlegen, Haut abziehen, in ein Sieb geben und mit kaltem Wasser abspülen, Fisch oder Fische der Länge nach halbieren und die Gräten entfernen
2 Tomaten, hacken
1 Zwiebel, schälen und hacken
1 bis 2 Lauchzwiebeln, Stielansätze abschneiden und hacken
Pfeffer, zum Abschmecken
Öl, zum Braten

So wird es gemacht:

☺ Öl in einer Pfanne erhitzen ➠ Zwiebel dazugeben und glasig dünsten ➠ Tomaten und Lauchzwiebeln untermengen und dünsten, bis ein Teil der Flüssigkeit verdampft ist ➠ Salzfisch dazugeben und ca. 5 Minuten bei mittlerer Hitze kochen ➠ mit Pfeffer abschmecken und heiß mit Reis servieren.

✪✪✪✪✪✪✪✪✪✪

Run Down

Zutaten:

2 Tassen Kokosnussmilch
500 g gesalzene Makrelenfilets, ca. 30 Minuten in Wasser legen, dann unter fließendem Wasser abspülen
1 lange milde Peperoni, Stielansatz abschneiden, der Länge nach halbieren, Samen entfernen und hacken
1 Knoblauchzehe, schälen und fein hacken
3 bis 4 Tomaten, hacken
3 bis 4 Lauchzwiebeln, Stielansätze abschneiden und hacken
1 große Zwiebel, schälen und hacken
3 bis 4 Stängel frischer Thymian, ersatzweise 2 Teelöffel getrockneter Thymian
1 kleines Stück frischer Chili, fein hacken
Pfeffer
1/4 Teelöffel Pimentpulver

So wird es gemacht:

☺ Kokosnussmilch in eine tiefe Pfanne oder einen Topf geben und zum Kochen bringen, dann bei mittlerer Hitze kochen lassen, bis viel Flüssigkeit verdampft ist und das Kokosnussöl an die Oberfläche tritt ➟ alle Zutaten, außer Fischfilets, zur Kokosnussmilch geben und gut vermengen, Fischfilets untermengen, Pfanne oder Topf zudecken und ca. 10 Minuten köcheln lassen ➟ heiß mit gebratenen oder gekochten Kochbananen servieren.

✪✪✪✪✪✪✪✪✪✪✪

Salzfischfrikadellen

Zutaten:

100 bis 150 g gesalzener Fisch, ca. 30 Minuten in Wasser einlegen, Haut abziehen, in ein Sieb geben und mit kaltem Wasser abspülen, Fisch oder Fische der Länge nach halbieren, die Gräten entfernen und das Fleisch hacken
1 Zwiebel, schälen und fein hacken
500 g Mehl mit 3 Teelöffel Backpulver mischen
2 Esslöffel Tomatenmark
1 Tomate, fein hacken
2 bis 3 Lauchzwiebeln, Stielansätze abschneiden und hacken
1 Knoblauchzehe, schälen und mit etwas Salz zerdrücken
1 Teelöffel getrockneter Thymian
Etwas Chilipulver oder ein kleines Stück Chili, fein hacken
Pfeffer
Öl, zum Braten

So wird es gemacht:

☺ Alle Zutaten (außer Öl) in eine Schüssel geben und gut vermengen ➟ Wasser nach und nach dazugeben und verkneten, bis eine dicke Masse entsteht (fest wie Butter) ➟ mit Pfeffer abschmecken ➟ reichlich Öl in einer Pfanne erhitzen ➟ Teigmasse löffelweise in das Öl geben und bei schwacher Hitze braten.

✪✪✪✪✪✪✪✪✪✪✪

Fisch in scharfer Soße

Zutaten:

1 kg Rotbrassen, waschen
2 Tomaten, hacken
1 Knoblauchzehe, schälen und mit etwas Salz zerdrücken
1 Zwiebel, schälen und in feine Scheiben schneiden
1 Chilischote, Stielansatz und Samen entfernen und hacken
Ein paar frische Thymianstängel
3 bis 4 Lauchzwiebeln, Stielansätze abschneiden
Salz
Pfeffer
Pimentpulver (Menge nach Geschmack)
Öl

So wird es gemacht:

☺ Fisch oder Fische von innen und außen mit Salz und Pfeffer bestreuen ➡ Thymian und Lauchzwiebeln in den Fisch oder die Fische geben ➡ Öl in einer Pfanne erhitzen und die Fische knusprig braten ➡ aus der Pfanne nehmen und warm halten.

☺ In derselben Pfanne Knoblauchpaste, Tomaten, Chili und Zwiebel weich dünsten ➡ Salz, Pfeffer und Piment dazugeben und umrühren ➡ die Fische in die Soße geben und bei schwacher Hitze ca. 15 Minuten garen. Evtl. etwas Wasser dazugeben ➡ heiß oder kalt mit Brot und Salat servieren.

✪✪✪✪✪✪✪✪✪✪✪

Gebackener Fisch in Tomatensoße

Zutaten:

1 große Meerbarbe, waschen und abtropfen lassen
Zitronensaft
1 Teelöffel gemischte Gewürze:
  Knoblauchsalz, Paprikapulver, Ingwerpulver und Piment
Salz und Pfeffer

Zutaten für die Soße:

500 g Tomaten, Haut anritzen, mit kochendem Wasser überbrühen, Haut abziehen und hacken (siehe auch Seite 41 und 42)
1 Zwiebel, schälen und hacken
2 Knoblauchzehen, schälen und hacken
1 Teelöffel getrockneter Thymian
4 Esslöffel Erdnussöl
Salz und Pfeffer

So wird es gemacht:

☺ Backofen auf 180°C vorheizen.
☺ Fisch mit Zitronensaft, Gewürzmischung, Salz und Pfeffer einreiben und in eine Auflaufform geben.
☺ Öl in einem Topf erhitzen ➡ Zwiebeln dazugeben und glasig dünsten ➡ Knoblauch dazugeben und kurz dünsten ➡ Tomaten, Thymian, Salz und Pfeffer untermengen und ca. 10 Minuten köcheln lassen. Evtl. etwas Wasser darüber geben ➡ Soße über den Fisch geben und ca. 20 bis 25 Minuten im Backofen garen.

✪✪✪✪✪✪✪✪✪✪✪

Escovitch Fisch

Zutaten:

2 Fische (ca. 1 kg), Sorte nach Belieben, waschen und abtropfen lassen
Zitronensaft
Ein paar Lauchzwiebeln, Stielansätze abschneiden
Ein paar Stängel frischer Thymian
Salz
Pfeffer
Öl, zum Braten

Zutaten für den Escovitch:

1 Chocho, halbieren, Kern entfernen, schälen und in dünne Streifen schneiden
1 bis 2 Karotten, Stielansätze abschneiden, schälen, halbieren und in dünne Streifen schneiden
Ca. 1 Tasse Essig
1 Zwiebel, schälen und in dünne Scheiben schneiden
1 Knoblauchzehe, schälen und vierteln
2 bis 3 Lauchzwiebeln, Stielansätze abschneiden und grob zerkleinern
Eventuell 2 bis 3 Esslöffel brauner Zucker
3/4 bis 1 Tasse Sojasoße
1 Teelöffel getrockneter Thymian
Je 1/4 Teelöffel:
Zimt, Ingwerpulver, Pimentpulver und 4Gewürz
1 kleines Stück Chilischote, fein hacken
Salz
Pfeffer

So wird es gemacht:

☺ Essig und etwas Salz in eine tiefe Pfanne oder einen Topf geben, die restlichen Zutaten dazugeben, gut in Essig vermengen und zum Kochen bringen, Pfanne oder Topf zudecken und ca. 10 Minuten köcheln lassen, bis die Zutaten gar sind, mit Salz und Pfeffer abschmecken. Inzwischen die Fische braten. ☺ Einige tiefe Schnitte quer in das Fischfleisch schneiden ➟ Fische von innen und außen mit Salz bestreuen und mit Zitronensaft einreiben, dann mit Lauchzwiebeln und Thymian füllen ➟ Öl in einer Pfanne erhitzen, Fische im heißen Öl knusprig braten, aus der Pfanne nehmen und auf Servierteller geben ➟ die fertige Soße heiß über die gebratenen Fische geben und heiß servieren.

✪✪✪✪✪✪✪✪✪✪✪

Fisch in brauner Soße

Zutaten:

2 Fische, waschen und abtropfen lassen. Falls die Fische sehr groß sind, halbieren oder die Fische in große Scheiben schneiden
Ein paar frische Stängel Thymian
Zitronensaft
1 Knoblauchzehe, mit etwas Salz zerdrücken
Salz
Pfeffer
Öl, zum Braten

Zutaten für einfache Soße:

1 große Zwiebel, schälen und in Scheiben schneiden
1 bis 2 Knoblauchzehen, schälen und fein hacken oder mit etwas Salz zerdrücken
Kleines Stück Ingwerwurzel, reiben
1 kleine Chilischote, ganz
2 bis 3 Tomaten, hacken
Ein paar Pimentkörner
2 Esslöffel Tomatenmark, in 1½ Tassen warmem Wasser auflösen
1 Teelöffel getrockneter Thymian
Pfeffer

Zutaten für die Soße mit Gemüse:

Zu der einfachen Soße kommen noch:
1/2 Chocho, schälen und in dünne Scheiben schneiden
1 Karotte, Stielansatz abschneiden, schälen, der Länge nach halbieren und in dünne Streifen schneiden
1 grüne und 1 gelbe oder rote lange milde Pepe-

roni, Stielansätze abschneiden, der Länge nach halbieren, Samen entfernen und in Streifen schneiden
2 bis 3 Lauchzwiebeln, Stielansätze abschneiden und grob hacken
1 Esslöffel braune Soße. Ersatzweise 2 bis 3 Esslöffel brauner Zucker
2 bis 3 Esslöffel gehackte Petersilie
Etwas Essig

So wird es gemacht:

☺ Fische in eine Schale geben, mit Salz und Pfeffer bestreuen, Thymian, Knoblauch und etwas Zitronensaft darüber geben und gut in den Zutaten wälzen ➠ Öl in einer Pfanne erhitzen, Fische dazugeben und knusprig braten, aus der Pfanne nehmen und beiseitestellen.
☺ Einfache Soße herstellen:
Das meiste Öl aus der Fischpfanne entfernen ➠ alle Zutaten in die Pfanne geben und kurz zum Kochen bringen, dann Kochtemperatur reduzieren und die Fische in die Soße geben, Pfanne zudecken und ca. 10 Minuten köcheln lassen, bis die Soße dicker wird.
☺ Soße mit Gemüse herstellen.
Braunen Zucker in eine tiefe Pfanne oder einen Topf geben und bei mittlerer Hitze schmelzen lassen ➠ Chocho, Karotten und Lauchzwiebeln zum aufgelösten Zucker geben und gut vermengen, dann aufgelöstes Tomatenmark dazugeben, die restlichen Zutaten untermengen und kurz zum Kochen bringen ➠ gebratene Fische in die Soße tauchen, Topf oder Pfanne zudecken und 10 bis 15 Minuten köcheln lassen, bis die Soße dicker wird ➠ heiß mit gebratenen Kochbananen oder Reis und Salat servieren.

✪✪✪✪✪✪✪✪✪✪✪

Gegrillter Fisch

Zutaten:

5 bis 6 große Fische, in beide Seiten tiefe Schnitte machen, waschen und abtropfen lassen

Zutaten für die Marinade:

Saft von 2 Zitronen
1 Bund Lauchzwiebeln, Stielansätze abschneiden und vierteln
1 Zwiebel, schälen und in Scheiben schneiden
2 bis 3 Knoblauchzehen, schälen und fein hacken oder mit etwas Salz zerdrücken
1 kleine Chilischote, Stielansatz abschneiden, halbieren, Samen entfernen und hacken
1 Tasse Kokosnussmilch
1 Teelöffel mildes Paprikapulver
Salz
Pfeffer

So wird es gemacht:

☺ Fische in eine Schale geben, Zitronensaft darüber geben, mit Wasser bedecken und ca. 30 Minuten stehen lassen.
☺ Alle Zutaten für die Marinade in eine Schale geben und gut vermengen ➡ Fische aus dem Wasser nehmen, kurz abtropfen lassen, dann in die Marinade geben und wälzen ➡ Marinade in die Fische füllen und ca. 1 Stunde stehen lassen.
☺ Grill mit Holzkohle füllen und zum Grillen vorbereiten ➡ Fische auf das Grillrost legen und von beiden Seite je 4 bis 5 Minuten grillen. Öfter mit Marinade beträufeln ➡ heiß mit Brot servieren.

✪✪✪✪✪✪✪✪✪✪✪

Garnelen in Sahne

Zutaten:

500 g geschälte Garnelen
1 kleine Zwiebel, schälen und hacken
5 Tomaten, Haut anritzen, mit kochendem Wasser überbrühen, Haut abziehen und hacken
1 kleine Knoblauchzehe, schälen und mit Salz zerdrücken
1 Esslöffel Mehl
150 ml Sahne
3 bis 4 Esslöffel Butter
Salz
Pfeffer
Chilipulver (Menge nach Blieben)

So wird es gemacht:

☺ 1 Esslöffel Butter in einem Topf zerlassen ➟ Zwiebeln dazugeben und glasig dünsten ➟ Knoblauch dazugeben und kurz dünsten ➟ Tomaten untermengen und gut vermengen ➟ mit Salz, Pfeffer und Chilipulver abschmecken, umrühren und köcheln lassen, bis eine dicke Soße entstanden ist. Garnelen in Butter braten und in die Soße geben ➟ gut vermengen und heiß mit Reis servieren.

✪✪✪✪✪✪✪✪✪✪

Langusten Curry

Zutaten:

3 geschälte Langusten oder Krebse
Zitronensaft
1½ Tassen Kokosnussmilch
1 Zwiebel, schälen und hacken
1 Knoblauchzehe, schälen und hacken
1 cm Ingwerwurzel, schälen und hacken
1 Esslöffel Currypulver
1/2 Teelöffel Nelkenpulver
1/2 Teelöffel Kurkuma
1 Teelöffel getrockneter Koriander
1/8 Teelöffel Chilipulver, oder ein kleines Stück frischer Chili, fein hacken
Salz
Pfeffer
Öl oder Butter

So wird es gemacht:

☺ Langusten in eine Schale geben und mit Zitronensaft beträufeln.
☺ Knoblauch, Ingwerwurzel, Gewürze, Salz und Pfeffer in einen Mörser geben und zu einer Paste zerdrücken ➟ etwas Wasser dazugeben und gut vermengen.
☺ Öl oder Butter in einem Topf erhitzen ➟ Zwiebel dazugeben und glasig dünsten ➟ Gewürzpaste untermengen und kurz dünsten ➟ Kokosnussmilch dazugeben, umrühren und zum Kochen bringen, dann bei schwacher Hitze köcheln lassen ➟ Langusten in die Soße geben und 20 bis 25 Minuten garen. Eventuell etwas Wasser dazugeben.

✪✪✪✪✪✪✪✪✪✪✪

Garnelen Curry

Zutaten:

500 g geschälte Garnelen
1 große Zwiebel, schälen und hacken
1 bis 2 Knoblauchzehen, schälen und fein hacken oder mit etwas Salz zerdrücken
1 Tomate, hacken
1 bis 2 lange milde Peperoni, Stielansätze abschneiden, der Länge nach halbieren, Samen entfernen und in kleine Würfel schneiden
Ein paar Lauchzwiebeln, Stielansätze abschneiden und hacken
1 kleines Stück frischer Chili, hacken
1 Teelöffel Currypulver
Salz
Pfeffer
3/4 Tasse Wasser
Butter
Öl

So wird es gemacht:

☺ Je 1 Esslöffel Butter und Öl in einer tiefen Pfanne erhitzen, Garnelen dazugeben und bei mittlerer Hitze ein paar Minuten braten ➟ Zwiebel, Knoblauch, Chili und Currypulver zu den Garnelen geben, umrühren und ein paar Minuten dünsten ➟ Peperoni, Tomaten, Salz und Pfeffer dazugeben, umrühren und weitere Minuten dünsten ➟ Wasser darüber gießen, umrühren und kurz zum Kochen bringen, dann bei schwacher Hitze köcheln lassen, bis die Soße dick wird ➟ heiß mit Reis servieren.

✪✪✪✪✪✪✪✪✪✪✪

Gebackene Krabben

Zutaten:

20 gekochte und geschälte Riesenkrabben
1 Teelöffel frische Thymianblätter
2 bis 3 Lauchzwiebeln, Stielansätze abschneiden und hacken
1 kleines Stück frischer Chili, hacken
1 kleine Zwiebel, fein hacken
Salz
Pfeffer
3 bis 4 Esslöffel Butter

So wird es gemacht:

☺ Backofen auf 180°C vorheizen.

☺ Krabben in eine Auflaufform geben ➟ Thymian, Lauchzwiebeln, Zwiebel, etwas Salz und Pfeffer zu den Krabben geben und gut vermengen ➟ Butter über die Krabben geben ➟ Auflaufform in den Backofen schieben und backen, bis die Krabben eine goldbraune Farbe annehmen.

✪✪✪✪✪✪✪✪✪✪

Brot, Teigspeisen und Getränke

Bananenbrot

Zutaten:

2 Tassen Mehl, sieben
3 bis 4 reife Bananen
1 Ei, aufschlagen, in eine kleine Schale geben und verrühren
1 Päckchen Backpulver
1/2 Tasse Zucker
1/2 Tasse Milch
3 Esslöffel Butter
1 Teelöffel Vanilleessenz
1 Teelöffel Zimtpulver
1 Teelöffel Salz

So wird es gemacht:

☺ Bananen schälen, in eine Schale geben und fein pürieren ➟ Butter und Zucker in eine Schale geben, vermengen und mit dem Bananepüree gut verrühren, dann Ei untermengen und zu einer weichen Paste verrühren ➟ Salz, Backpulver, Zimt, Vanilleessenz, Mehl und Milch nach und nach zu den Bananen geben, zu einem Teig verkneten und zu einer Kugel formen. Die Masse darf nicht sehr fest sein ➟ Teigkugel mit etwas Öl rundum einreiben, in eine Schale geben, zudecken und ca. 1 Stunde stehen lassen.

☺ Backofen auf 180°C vorheizen.

☺ Eine längliche Brotform mit Butter bepinseln, Teig in die Form geben, 1 Stunde backen, aus dem Backofen nehmen, abkühlen lassen und das Brot aus der Form nehmen.

Kokosnussbrot

Zutaten:

2 Tassen Mehl, sieben
1 Tasse Kokosnussmilch
1 Päckchen Backpulver
1 Esslöffel Zucker
1 Teelöffel Salz
2 bis 3 Esslöffel Butter

So wird es gemacht:

☺ Mehl in eine Schale geben, Zucker, Salz und Backpulver dazugeben und gut vermengen, Butter dazugeben und mit der Hand verkneten, Kokosnussmilch nach und nach dazugeben und zu einem Teig verkneten. Falls die eine Tasse Kokosnussmilch nicht reicht, etwas Wasser oder Kokosnussmilch dazugeben ➟ Teig zu einer Kugel formen, mit Butter rundherum einreiben, in eine Schale geben, zudecken und ca. 2 Stunden stehen lassen.

☺ Backofen auf 180°C vorheizen.

☺ Teig nochmal kneten und in 4 oder 6 Teile teilen, jedes Teil zu runden Fladen ausrollen (1 bis 1,5 cm dick), die Oberfläche mit Butter bepinseln und zu einem Halbmond klappen ➟ eine Auflaufform mit Backpapier belegen, fertige Brote darauf geben und ca. 20 Minuten backen ➟ warm zum Frühstück servieren.

Vermerk:

Man kann auch etwas Kokosnussraspeln zum Teig geben.

Um festzustellen, ob das Brot gar ist, verwenden Sie bitte einen Metallspieß. Den Spieß in das Brot stechen und herausziehen. Wenn der Spieß trocken ist, ist das Brot gar, ansonsten einige Minuten weiterbacken.

****

Weißbrot

Zutaten:

2 Tassen Mehl, sieben
1 Päckchen Hefe
1 Teelöffel Zucker
1 Teelöffel (oder mehr) Salz
3 bis 4 Esslöffel Butter
1 Tasse Wasser

So wird es gemacht:

☺ Mehl, Zucker, Salz und Hefe in eine Schale geben und gut vermengen ➠ Butter zum Mehl geben und mit der Hand verkneten, Wasser nach und nach zum Mehl geben und zu einem Teig verkneten ➠ Teig zu einer Kugel formen, mit Öl oder Butter rundherum einreiben, in eine Schale geben, zudecken und über 1 Stunde stehen lassen.
☺ Backofen auf 180°C vorheizen.
☺ Eine längliche Brotform mit Butter oder Öl bepinseln ➠ Brotteig in die Form geben, etwas andrücken und im Backofen für ca. 35 bis 40 Minuten backen.

Vermerk:
Um festzustellen, ob das Brot gar ist, verwenden Sie bitte einen Metallspieß. Den Spieß in das Brot stechen und herausziehen. Wenn der Spieß trocken ist, ist das Brot gar, ansonsten einige Minuten weiterbacken.

****

Süßes Maisbrot

Zutaten:

1½ Tassen Maismehl
1/2 Tasse Mehl, sieben
1 Tasse Kokosnussmilch
1 Päckchen Backpulver
4 bis 5 Esslöffel zerlassene Butter
Je 3 Esslöffel Zucker und 3 Esslöffel Honig
2 Eier, aufschlagen, in eine Schale geben und gut verrühren
1 Teelöffel Salz

So wird es gemacht:

☺ Beide Mehlsorten, Salz, Zucker und Backpulver in eine Schale geben und gut vermengen.
☺ Kokosnussmilch, zerlassene Butter, Eier und Honig in eine Schale geben und gut verrühren.
☺ Backofen auf 180°C vorheizen.
☺ Kokosnussmasse zum Mehl geben und rühren ➟ eine Auflaufform mit Butter bepinseln, auch den Rand, Mehlmasse in die Form geben und ca. 20 bis 25 Minuten backen.

Vermerk:
Um festzustellen, ob das Brot gar ist, verwenden Sie bitte einen Metallspieß. Den Spieß in das Brot stechen und herausziehen. Wenn der Spieß trocken ist, ist das Brot gar, ansonsten einige Minuten weiterbacken.

✳✳✳✳✳✳✳✳✳✳

Bulla (runde Kekse)

Zutaten:

2½ Tassen Mehl, sieben
1 Tasse brauner Zucker
2 Teelöffel Backpulver
1 Teelöffel geriebener Muskat
2 cm Ingwerwurzel, schälen und reiben
1/2 Teelöffel Pimentpulver
3 bis 4 Esslöffel zerlassene Butter
1/2 Teelöffel Vanilleessenz
1/2 Teelöffel Salz
2 Esslöffel Melasse

So wird es gemacht:

☺ Zucker in eine Schale geben, 1 Tasse Wasser, Melasse und Vanilleessenz darüber geben und rühren bis der Zucker aufgelöst ist.
☺ Mehl in eine Schale geben ➡ Backpulver, Salz, Piment, Ingwer, Muskat und zerlassene Butter zum Mehl geben und mit der Hand gut vermengen ➡ das vorbereitete Wasser nach und nach zum Mehl geben und verkneten ➡ Teig zudecken und ca. 30 Minuten stehen lassen.
☺ Backofen auf 180°C vorheizen.
☺ Arbeitsplatte mit etwas Mehl bestreuen, Teig darauf geben und ausrollen (ca. 2 cm dick), dann mit der offenen Seite einer Tasse runde Keksen ausstechen ➡ Backpapier auf ein Backblech legen und mit etwas Butter bepinseln, Kekse darauf geben, mit etwas Butter oder Milch bepinseln, in den Backofen schieben und ca. 20 bis 25 Minuten backen, warm oder kalt servieren.

****

Osterbrot

Zutaten:

2 Tassen Mehl, sieben
1 Päckchen Hefe
1/2 Tasse brauner Zucker
1 Teelöffel Zimtpulver
1 Teelöffel gemahlener Muskat
1/2 Teelöffel Pimentpulver
1 Teelöffel Vanilleessenz
2 Esslöffel Melasse
1 Esslöffel Honig
1 Ei, aufschlagen, in eine Schale geben und rühren
1/2 Tasse Milch
1/2 Teelöffel Salz
Ein paar Esslöffel Wein oder Cherry
Ca. 100 g Butter
100 g verschiede getrocknete oder kandidierte Früchte:
Rosinen ohne Kerne, Aprikosen, Beeren

So wird es gemacht:

☺ Mehl in eine Schale geben und in die Mitte eine Mulde drücken ➟ Hefe in eine Tasse geben, etwas warmes Wasser darüber geben und rühren, dann in die Mulde geben, Schale zudecken und beiseitestellen.
☺ Früchte in eine Schale geben und vermengen. Große Stücke in kleine Würfel schneiden.
☺ Backofen auf 180°C vorheizen.
☺ Milch in einen kleinen Topf geben und kurz erhitzen, Topf vom Herd nehmen, die Butter zur Milch geben und rühren, bis die Butter geschmolzen ist ➟ Zucker, Melasse, Vanilleessenz und Honig zur Milch geben und rühren, bis der Zucker aufgelöst ist, dann das Ei dazugeben und rühren.

☺ Salz zum Mehl geben und gut vermengen, dann die Früchte untermengen, Zimt, Piment und Muskat dazugeben und gut vermengen, nach und nach Milchmischung zum Mehl geben und mit einem Löffel gut vermengen ➠ eine längliche Kuchenform mit Butter bepinseln, auch die Ränder, Teig in die Form geben, in den Backofen schieben und ca. 50 Minuten backen ➠ etwas braunen Zucker oder Melasse in wenig Wasser auflösen und damit die Oberfläche des Osterbrots bepinseln und weitere 10 bis 15 Minuten backen.

Vermerk:

Um festzustellen, ob das Osterbrot gar ist, verwenden Sie bitte einen Metallspieß. Den Spieß in das Brot stechen und herausziehen. Wenn der Spieß trocken ist, ist das Brot gar, ansonsten einige Minuten weiterbacken.

****

Gebratene Teigbällchen

Zutaten:

2 Tassen Mehl, sieben
1 Teelöffel Zucker
1/2 Teelöffel Salz
1 Päckchen Backpulver
1 Esslöffel zerlassene Butter
Milch und Wasser

So wird es gemacht:

☺ Mehl, Salz, Butter, Backpulver und Zucker in eine Schale geben und gut vermengen, nach und nach Milch und Wasser zum Mehl geben und zu einem festen Teig verkneten ➠ Teig zudecken und ca. 30 Minuten stehen lassen ➠ Teig in gleichmäßige Teile teilen, jedes Teil zu Bällchen formen (ca. 4 cm Durchmesser), dann etwas Flach drücken ➠ Öl in einer tiefen Pfanne erhitzen und die Bällchen goldgelb braten, heiß als Beilage oder zum Frühstück servieren.

Gebackene Bananen

Zutaten:

6 reife Bananen
2 Esslöffel Butter
1/4 Tasse brauner Zucker
1/4 Teelöffel geriebener Muskat
1/4 Tasse Wasser

So wird es gemacht:

☺ Bananen schälen, der Länge nach halbieren und in eine Auflaufform mit der Schnittfläche nach unten legen ➟ Butter und Muskat darüber geben, mit Zucker bestreuen, Wasser in die Form geben und im vorgeheizten Backofen (180°C) backen, bis die Oberfläche eine goldgelbe Farbe annimmt.

****

Süßkartoffelpudding

Zutaten:

1 bis 2 große Süßkartoffeln, schälen und zerkleinern
2 Coco, schälen und zerkleinern. Ersatzweise Stück Yam oder 2 Topinambur
4 Tassen Kokosnussmilch
4 bis 5 Esslöffel Zucker
1/2 Tasse Rosinen ohne Kerne, in Wasser einweichen
1 Teelöffel Vanilleessenz
1 Teelöffel Mandelessenz
2 Teelöffel Zimtpulver
1 Teelöffel Salz
1 bis 2 Esslöffel Butter, zerlassen
Ein paar Esslöffel Mehl

36 Topinambur

So wird es gemacht:

☺ Backofen auf 180°C vorheizen.

☺ Süßkartoffeln und Coco (oder Yam oder Topinambur) in eine Küchenmaschine geben und pürieren, etwas Kokosnussmilch dazugeben und weiter pürieren ➞ Pürierte Masse in eine große Schale geben, Kokosnussmilch dazugeben und gut verrühren, dann Zucker dazugeben und rühren, bis der Zucker aufgelöst ist, dann nach und nach Zimt, Vanilleessenz, Mandelessenz, Butter, 3 bis 4 Esslöffel Rosinen und Salz dazugeben und rühren ➞ ein kleines Sieb über die Masse halten, ein paar Esslöffel Mehl in die Masse sieben und gut verrühren.

☺ Eine Auflaufform mit Butter bepinseln, auch die Ränder, Puddingmasse in die Form geben und für ca. 60 Minuten backen ➞ die restlichen Rosinen über dem Pudding verteilen und weitere 30 Minuten backen ➞ Pudding aus dem Backofen nehmen, abkühlen lassen und servieren.

> Vermerk:
> Um festzustellen, ob der Pudding gar ist, verwenden Sie bitte einen Metallspieß. Den Spieß in den Pudding stechen und herausziehen. Wenn der Spieß trocken ist, ist der Pudding gar, ansonsten einige Minuten weiterbacken.

✳✳✳✳✳✳✳✳✳✳✳

Kuchenteig

Zutaten:

1 Tasse Mehl
5 bis 6 Esslöffel Butter
Prise Salz
Kaltes Wasser

So wird es gemacht:

☺ Mehl in eine Schale sieben, Salz und weiche Butter dazugeben und mit der Hand verkneten, nach und nach kaltes Wasser dazugeben und zu einem Teig verkneten. Der Teig darf nicht so fest sein ➟ Teig zu einer Kugel formen, in Plastikfolie wickeln und bis zum Gebrauch kaltstellen.

****

Guave Kuchen

Zutaten:

Kuchenteig, siehe vorheriges Rezept
1 Tasse Milch
1 Tasse Mehl
3 Eier
1/2 Tasse (oder mehr) Zucker
Prise Salz
Ein großer Löffel (oder mehr) Guavepaste

So wird es gemacht:

☺ Eier aufschlagen, in eine große Schale geben und gut verrühren, Milch zu den Eiern geben und verrühren, dann Zucker dazugeben und rühren, bis der Zucker aufgelöst ist, eine Prise Salz und Mehl nach und nach zur Milch geben und gut vermengen.

☺ Backofen auf 200°C vorheizen.

☺ Kuchenteig flach in eine Form geben, auch die Ränder bedecken ➟ Guavemasse in die Form geben, gut verteilen und ca. 40 bis 45 Minuten backen.

*****

Variante 2

Zutaten:

Kuchenteig, siehe Seite 123
10 bis 12 Guaven
2 Tassen Wasser
1 Tasse Zucker

So wird es gemacht:

☺ Guaven schälen, halbieren und die harten Kerne entfernen, dann in Streifen schneiden und in einen Topf geben ➡ 2 Tassen Wasser und Zucker zu den Guaven geben und ca. 10 Minuten kochen lassen ➡ Guavenstücke mit einem Schaumlöffel aus der Flüssigkeit nehmen und beiseitestellen ➡ Flüssigkeit kochen lassen, bis die Masse dicker wird.
☺ Backofen auf 200°C vorheizen.
☺ Kuchenteig flach in die Form geben, auch die Ränder bedecken ➡ Guavensirup in die Form geben, gut verteilen und die gekochten Guavestücke darauf verteilen, Form in den Backofen schieben und ca. 40 bis 45 Minuten backen.

****

Kokosnusskekse

Zutaten:

Kuchenteig, siehe Seite 123
2 Tüten Koksnussraspeln
Ca. 1 Tasse brauner Zucker
1 Teelöffel Zimt
1/2 Teelöffel geriebener Muskat
1/2 Teelöffel Vanilleessenz

So wird es gemacht:

☺ Füllung vorbereiten:
Kokosnussraspeln in eine große Schale geben, Zucker, Vanilleessenz, Zimt und Muskat dazugeben und gut vermengen ➟ 1 bis 1½ Tassen Wasser darüber gießen, gut verrühren und beiseitestellen, bis die Kokosnussraspeln die Flüssigkeit aufgesogen haben.

☺ Backofen auf 180°C vorheizen.

☺ Teig auf einer bemehlten Arbeitsplatte zu dünnen Fladen ausrollen, dann mit der offenen Seite einer Tasse runde Kreise ausstechen, dann wie auf Abb. .. rundherum einen gezackte Rand mit den Fingern formen und die Fladen auf ein Backblech legen ➟ Füllung auf den Fladen verteilen, die Oberfläche glätten und im Backofen für ca. 15 Minuten backen, bis sie eine goldbraune Farbe annehmen.

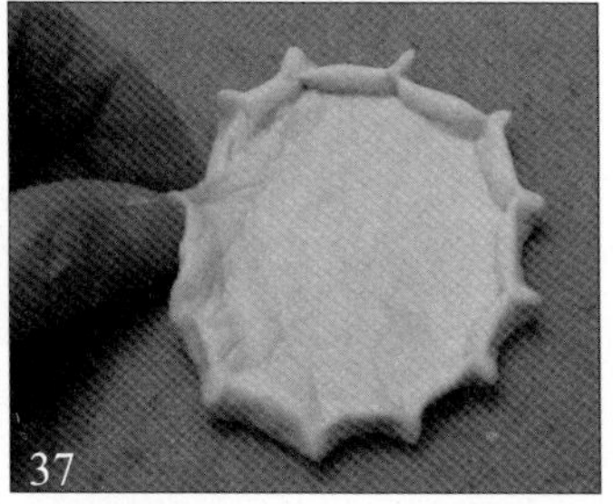
37

****

Papaya Getränk

Zutaten:

1 kleine Papaya
3 bis 4 Tassen kaltes Wasser
Saft einer Limette
1/2 bis 3/4 Tasse Zucker

So wird es gemacht:

☺ Papaya halbieren, Samen entfernen, schälen und in eine Küchenmaschine geben, Wasser, Zucker und Limettensaft dazugeben und fein pürieren ➟ mit Limettensaft und Zucker abschmecken und im Kühlschrank kaltstellen.

****

Anonnen Getränk

Zutaten:

2 Anonnen, am besten Stachelannonen
3 Tassen Wasser
Ein paar Esslöffel (oder mehr) Zucker
Geriebener Muskat
Eventuell 1/2 Teelöffel Vanilleessenz
Zitronensaft

So wird es gemacht:

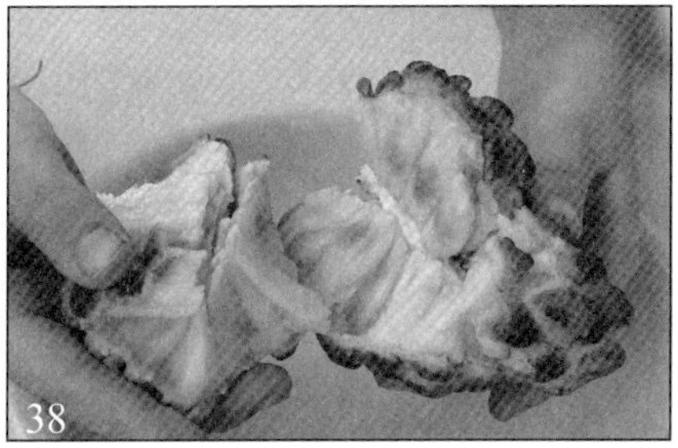
38

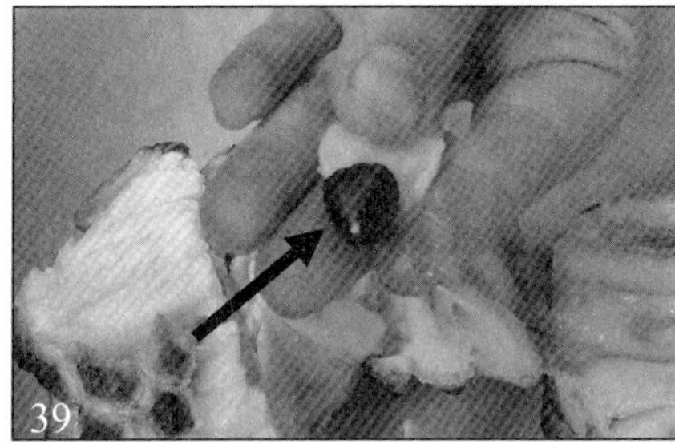
39

☺ Anonnen schälen und mit den Händen auseinandernehmen ➟ die schwarzen Kerne entfernen, das Fruchtfleisch in eine Küchenmaschine geben und pürieren ➟ Wasser, etwas Zitronensaft und geriebenen Muskat (Menge nach Belieben) zum Fruchtfleisch geben und rühren, bis der Zucker aufgelöst ist ➟ ein feines Sieb auf eine Schale stellen, Getränk in das Sieb geben und das Fruchtfleisch mit einem Löffel durch pressen ➟ vor dem Servieren im Kühlschrank aufbewahren.

****

Exotische Küche
Kochbücher aus dem Süden

ISBN 978-3-927459-75-5

ISBN 978-3-927459-74-8

ISBN 978-3-927459-73-1

ISBN 978-3-927459-72-4